Faqja e të drejtave të autorit (copyright)

© 2023 Feja Helm. Të gjitha të drejtat të rezervuara.

Asnjë pjesë e këtij libri nuk mund të riprodhohet, ruhet në sistemin e kërkimit, ose transmetohet në çfarëdo forme apo me çdo mjet, elektronik, mekanik, fotokopjim, regjistrim, apo ndonjë mënyrë tjetër, pa lejen e shkruar paraprakisht të botuesit.

ISBN: 978-1-7380524-1-7

Disklaimeri:

Ky libër është shkruar me synimin për të ofruar një analizë sa më të thelluar dhe të gjithëanshme të ngjarjeve të mëdha historike, por ndonjëherë gjatë këtij procesi, mund të mos përfshihen të gjitha aspektet ose detajet e çdo ngjarjeje. Autorët dhe botuesit kanë bërë çdo përpjekje për t'u siguruar se të gjitha informacionet janë të sakta dhe të azhornuara, por, për shkak të natyrës së vazhdueshme të hulumtimit historik, ka gjithmonë mundësi për ndryshime apo pasaktësi.

Ky libër gjithashtu përmban përshkrime të detajuara të konflikteve dhe ngjarjeve të dhunshme që mund të jenë të vështira për disa lexuesë. Kjo nuk është bërë me qëllim për të glorifikuar ose për të endorsuar dhunën, por për të përshkruar me saktësi kontekstin dhe pasojat e këtyre ngjarjeve.

Ky material është ofruar vetëm për qëllime informative dhe nuk është menduar të zëvendësojë këshillat e ekspertëve të tjerë në fushën e historisë. Gjithashtu, duhet të theksohet se kjo punë nuk synon të promovojë asnjë ideologji, fe apo grup politik, por thjesht të informojë dhe të edukojë lexuesin mbi ngjarjet që kanë ndodhur.

Historia e Feve Monoteiste

Për më shumë informacion ose për të diskutuar përmbajtjen e librit, ju lutemi të kontaktoni botuesin ose autorin. Ju faleminderit për mirëkuptimin tuaj.

Feja Helm

Dedikimi

Këtë libër ia dedikoj të gjithë atyre që kanë synuar të kuptojnë në vend që të besojnë, atyre që kanë marrë guximin të pyesin, të sfidojnë dhe të hulumtojnë në lidhje me këtë temë të rëndësishme të shoqërisë. Këtë libër ia dedikoj së vërtetës, me shpresën se ne gjithnjë do të jemi gati ta dëgjojmë atë, edhe kur na sfidon identitetin tone duke na bërë të ndjehemi të parehatshëm.

Gjithashtu, ia dedikoj këtë libër familjes sime, e cila më ka dhënë forca, mbështetje dhe dashuri në çdo hap të këtij udhëtimi. Ju jeni shtylla ime dhe frymëzimi im për të vazhduar të kërkoj, të mësoj dhe të shkruaj. Falemninderit për durimin tuaj, këshillat tuaja, dhe mbi të gjitha, për dashurinë tuaj të pakushtëzuar.

Në fund, nuk mund të mos përmendim fansat tonë të mrekullueshëm që na ndjekin në Facebook dhe në faqen tone www.fejaeshtehelm.com. Falemnderit! Kurajoja dhe mbështetja juaj na jep force për të vazhduar në këtë rrugë.

Historia e Feve Monoteiste

Një Analizë Historike dhe Kritike e Tre Besimeve Monoteiste

Feja Helm

Feja Helm

Përmbajtja

Hyrje 8
Kapitulli I 10
   Lindja e Monoteizmit 10
      Fillimi dhe Krijimi i Feve Monoteiste 10
      Përhapja e Judaizmit 16
      Vështirësitë e Fillimit 20
      Konfliktet e Hebrejve me Romën e Lashtë 25
Kapitulli II 30
   Jezu Krishti i Nazaretit 30
      Ardhja e Jezu Krishtit 30
      Legjenda e Ringjalljes së Jezu Krishtit 34
      Kontradiktat në Lidhje me Ringjalljen e Jezu Krishtit 35
      Dishepujt e Jezu Krishtit 36
      Pjetri 36
      Pali 38
      Gjoni 40
      Rrëzimi i Perëndive: Krishterimi në Romën e Lashtë 44
Kapitulli III 47
   Islami dhe Profeti Muhamet 47
      Ardhja në Skenë e Islamit: Profeti Muhamet 47
      Largimi nga Meka për në Medinë 50
Kapitulli IV 53
   Islami pas Profetit Muhamet 53
      Përhapja e Islamit pas Vdekjes së Muhametit 53

Rrymat Kryesore të Islamit 55
Hadithet në Islam: Historia, Rëndësia dhe Interpretimi 58
Kapitulli V 64
Ekspansioni Islamik 64
Ekspansioni i Hershëm i Islamit (Shekulli i 7-të dhe i 8-të) 64
Betejat e Fitna (632-661) 64
Fushata e Levantit (634–644) 65
Fushata e Egjiptit (639–642) 66
Invazionet në Persi (633–651) 67
Zgjerimi në Afrikën Veriore (647–709) 68
Fushatat në brigjet e Azisë së Vogël 69
Fushatat e Hershme në Indi (664–712) 72
Shtrirja e Gjerë e Islamit në Zonat e Indisë 74
Kapitulli VI 77
Përhapja e Islamit në Ballkan 77
Perandoria Osmane 77
Nënshtrimi i Ballkanit nga Perandoria Otomane 79
Kapitulli VII 84
Huazimet nga Besimet Pagane 84
Huazimet e Krishterimit 84
Huazimet e Islamit dhe Judaizmit 87
Kapitulli VIII 90
Konfliktet në mes Besimeve Monoteiste 90
Përplasjet në mes Judaizmit dhe Krishterimit 90
Marrëdhëniet në mes të Krishterëve dhe Hebrejve në Shekullin e 20-të dhe më pas 95
Konfliktet në mes Krishterimit dhe Islamit 99

Masakrat e Akres (1191) 103
　　Masakrat e Konstantinopojës (1204) 104
　　Reformat dhe dialogu 105
　　Lufta e Parë Arabo-Izraelite (1948) dhe Konflikti Izraelito-Palestinez
　　.. 106
Kapitulli IX 109
　　Terrorizmi Islamik 109
　　Terrorizmi Islamik në Perëndim 109
　　Shteti Islamik i Irakut dhe Sirisë 115
Kapitulli X 118
　　Feja në Ditët e Sotme 118
　　Përhapja e Katolikëve dhe Protestanëve 118
　　Imazhi i Judaizmit dhe Islamit në Botë 119
Epilogu 122
Indeksi 124
Referencat 128

Hyrje

Ky libër merr në shyrtim tri nga fetë më të mëdha dhe më të vjetra monoteiste: Judaizmin, Krishterimin dhe Islamin. Këto fe kanë pasur një ndikim të thellë në historinë, kulturën dhe marrëdhëniet ndërnjerëzore në të gjithë botën, dhe vazhdojnë akoma të ndikojnë jetën e qindra miliona njerëzve dhe shoqërive të tëra në ditët e sotme. Ky libër do tentojë të sjellë një pasqyrim të gjithanshëm dhe të paanshëm mbi këto fe, duke ndjekur zhvillimin e tyre historik dhe marrëdhëniet e tyre me njëra-tjetrën dhe me botën përreth.

Fillimisht, libri do të trajtojë prejardhjen dhe zhvillimin e këtyre feve. Judaizmi, si feja më e vjetër monoteiste, lindi në Lindjen e Mesme më shumë se 3000 vite më parë. Ajo fe ka ndikuar dhe formuar në mënyrë të ndjeshme dy fetë e mëvonshme, Krishterimin dhe Islamin, të dyja me prejardhje nga i njëjti rajon. Kuptimi i thellë i këtyre lidhjeve historike dhe kulturore është kyç për të kuptuar mënyrat në të cilat këto fe janë zhvilluar dhe kanë ndikuar njëra-tjetrën gjatë shekujve.

Pasi është sqaruar prejardhja dhe zhvillimi historik, libri do të kalojë në diskutimin e huazimeve nga besimet pagane dhe kulturave brenda të cilave u formuan dhe u zhvilluan. Lidhjet e Krishterimit me praktikat pagane janë të shumta si festa e Pashkëve e lidhur me hënën dhe ritet e pranverës, si dhe Krishtlindjet që përkojnë me festën romake të Diellit të Paepërm dhe lindjen e Mithras. Islamit i përkasin rituale të Haxhit si rituali i mureve të gurta dhe rrotullimi rreth Kabës, të cilat rrjedhin nga praktikat pagane arabe. Judaizmi ka elemente të festave dhe ritualeve që lidhen me praktikat kananeze dhe mesopotamike, siç është festa e Pashkëve hebraike dhe rregullat e dietës hebraike ose kashrut.

Më tej, libri do të analizojë marrëdhëniet ndërmjet këtyre feve, duke përfshirë konfliktet dhe ndërveprimet historike dhe aktuale, si dhe marrëdhëniet e tyre me fe të tjera dhe me shoqërinë në përgjithësi. Kjo pjesë do të trajtojë gjithashtu çështjet e tolerancës fetare, pluralizmit dhe konfliktit fetar.

Feja Helm

Në pjesën e fundit, libri do të analizojë ndikimin dhe rolin e këtyre feve në botën e sotme. Kjo do të përfshijë ndikimin e tyre në politikën botërore, ekonominë, kulturën dhe marrëdhëniet ndërkombëtare, si dhe sfidat me të cilat ato përballen në shekullin e 21-të.

Në të gjithë këtë diskutim, qëllimi është të ofrohet një kuptim më i thellë i këtyre feve, jo vetëm si sisteme të besimit, por si forca të fuqishme historike, kulturore, shoqërore, dhe, sigurisht, edhe politike. Kjo është një çështje e rëndësishme, sepse, siç do shikojmë në libër, Judaizmi, Krishterimi dhe Islami kanë formuar dhe vazhdojnë të formojnë botën tonë në mënyra domethënëse por dhe tepër të ndërlikuara. Nëse dëshirojmë të kuptojmë dhe të kemi ndikim në botën tonë, ne duhet t'i kuptojmë qartë këto fe dhe rolin e tyre në shoqëri.

Kapitulli I

Lindja e Monotezimit

Fillimi dhe Krijimi i Feve Monoteiste

Judaizmi është feja më e vjetër monoteiste që ka ndikuar ndjeshëm tek fetë e tjera monoteiste të ardhura mbas saj. Filloi rreth 2000 vjet p.e.s. me Abrahamin dhe fëmijët e tij, Isakun dhe Jakobin, të cilët njihen si patriarkët e Judaizmit. Besimtaret e Judaizmit i drejtohen Zotit të tyre me emrin Jahve.

Judaizmi lindi në Mesopotami, rajon i cili në atë kohë ishte mjaft pjellor me besime politeiste. Abrahami (Ibrahimi në Islam), i cili është figura qendrore e Judaizmit, lindi në Ur të Kaldeve, i ndodhur në jug të Mesopotamisë së atëhershme (në jug të Irakut të sotëm, kufi me Arabinë Saudite dhe rreth 300 km në veri-perëndim të Kuvajtit)[1] ai u vetëshpall profet dhe i braktisi besimet politeiste të familjes së tij në mënyrë që të ndiqte një Zot monoteist, që siç e thamë më sipër, në Judaizëm njihet si Jahve.

Feja Helm

Rrënojat e Ur të Kaldeve, vendlindja e Abrahamit, By Aziz1005 - Own work, CC BY 4.0, https://commons.wikimedia.org/w/index.php?curid=48855927

Abrahami dhe pasardhësit e tij, Isaku dhe Jakobi (i njohur gjithashtu si Izraeli), të cilët konsiderohen si patriarkët e Judaizmit, vendosën themelet e besimit monoteist. Kjo periudhë e hershme e Judaizmit ka qenë subjekt i debatit të shumtë mes studiuesve për shkak të mungesës së dokumenteve të shkruara.

Sipas Zanafillës në Bibël, Abrahami u martua me Sarën, megjithëse ata nuk patën fëmijë për një kohë të gjatë. Jahve i premtoi atij dhe Sarës se do të bëheshin prindër të shumë kombësive dhe se të gjithë tokën e Kananit do ta trashëgonin pasardhësit e tyre. Në moshën 100-vjeçare, Abrahami dhe Sara patën një djalë, të cilin e quajtën Isak. Abrahmi ishte një bari dhe udhëheqës tribal, dhe jetonte një jetë nomade si shumica e njerëzve të asaj kohe.

Sigurisht që tregimi se Abrahami u bë me djalë në moshën 100-vjeçare është pjesë e historisë së treguar në Bibël dhe nuk mund të verifikohet shkencërisht. Disa shfajësues të krishterë e shpjegojnë sikur kjo mund të ketë lidhje me ciklet e Hënës, që janë rreth 12 të tilla në vit. Kjo do e ulte moshën e disa figurave biblike në një numër më të pranueshëm, p.sh., Noa nga 950 vjeç ulet në rreth 77 vjeç. Por kjo llogaritje prezanton një problem tjetër duke e nxjerrë që

Abrahami u bë baba në moshën 8 vjeçare, gjë që është thjeshtë e pamundur. Mënyra se si mosha e njerëzve llogaritej sipas Biblës nuk dihet por aludohet se mundet të ketë humbur në përkthimet e teksteve.

Në të njëjtën kohë, për shkak të mungesës së informacionit të shkruar në kohën e Abrahamit, arsyeja specifike pse ai pranoi monoteizmin nuk është e qartë. Bibla thotë se Jahve i shfaqet Abrahamit dhe i jep një premtim se ai do të krijojë një komb të madh. Kjo shfaqje mund të jetë interpretuar si një udhëzim hyjnor që e çoi Abrahamin drejt monoteizmit.

Përsëri, sigurisht që ky është një shpjegim fetar dhe nuk mund të verifikohet me metoda historike ose shkencore. Nga pikëpamja fetare, besohet se ndikimi i Zotit dhe udhëzimet e Tij ishin ato që e çuan Abrahamin drejt monoteizmit. Por nga pikëpamja shkencore, është krejtësisht e mundshme që Abrahami mund të ketë vuajtur nga ndonjë sëmundje mendore. Raste të tilla ku njerëzve u flet zoti ka plot në ditët e sotme, por ata zakonisht referohen tek psikiatri.

Gjithsesi, Isaku ishte i biri i Abrahamit dhe Sarës, dhe babai i Jakobit dhe Esaut. Isaku njihet për historinë ku Abrahami urdhërohet nga Jahve të ofrojë të birin si një sakrificë, por në fund Jahve e ndalon atë me anë të një engjëlli. Ashtu si babai i tij, edhe Isaku ishte një bari dhe menaxher i tokave të familjes, dhe ndiqte nje jetë nomade.

Ngjarja ku Abrahami është gati të sakrifikojë të birin e tij Isakun, referohet si "Sprova e Abrahamit" dhe është përcjellë në librin Zanafilla të Biblës. Kjo ngjarje është një moment kyç në themelimin e Judaizmit dhe që më pas ka ndikuar edhe në zhvillimin e Krishterimit dhe Islamit. Sigurisht që kjo është një tjetër ngjarje që flet për ç'rregullimet mendore të Abrahamit, duke pasur parasysh se raste të prindërve që kanë masakruar fëmijët e tyre sepse dëgjonin zërin e Zotit ka pasur plot.

Feja Helm

Abrahami gati për të flijuar të birin, pikturë nga Rembrandt - internet, Burimi: Public Domain

    Sipas tregimit biblik, Jahve e vë në provë Abrahamin duke i kërkuar atij të ofrojë djalin e vetëm, Isakun, si një sakrificë mbi një altar. Abrahami përgatitet për ta kryer këtë akt dhe e çon Isakun në mal, një mal i cili është i panjohur, por që tradicionalisht identifikohet me malin Moriah. Isaku, i cili nuk është i vetëdijshëm për planin, pyet se ku është qengji për sakrificë, dhe Abrahami i përgjigjet se Zoti do ta ofrojë qengjin. Mirëpo, kur Abrahami po bëhet gati ta godasë të birin me thikë, një engjëll i dërguar nga Zoti e thërret nga qielli dhe e ndalon. Engjëlli i konfirmon Abrahamit se ai e ka kaluar sprovën e Zotit, dhe në vend të Isakut, Abrahami gjen një dhi të egër të lidhur në një ferrë dhe e ofron atë si një sakrificë për Zotin.

    Sipas të trija feve monoteiste, kjo ngjarje shërben si një tregues i besimit dhe bindjes së Abrahamit ndaj Zotit, edhe kur ai vihet përballë provave më të vështira. Ajo gjithashtu simbolizon fundin e sakrificave njerëzore në praktikat fetare, të cilat ishin të zakonshme në shumë kultura të lashta. Siç e thamë më sipër, kjo thjeshtë mund të ketë pasur lidhje me një ç'rregullim mendor të Abrahamit, ose edhe mundet të ketë qenë një manovër e tij për të treguar seriozitetin e besimit të tij në Zot në mënyrë që veprimet të mos viheshin në diskutim nga familja dhe njerëzit e tij.

Jakobi[2] që gjithashtu njihej si Izraeli, ishte i biri i Isakut dhe Rebekës, dhe babai i dymbëdhjetë djemve, të cilët u bënë themeluesit e Dymbëdhjetë Fiseve (Tribuve) të Izraelit. Jakobi u njoh me emrin Izrael mbasi "luftoi me Zotin dhe fitoi". Ky tregim përshkruhet në Bibël si një ngjarje e rëndësishme, pasi emri i ri "Izrael" do të përdoret më vonë për të përshkruar popullin dhe shtetin e hebrejve.

Jakobi ndoqi profesionin e babait dhe gjyshit si bari, por edhe ai u përball me sfida të mëdha, përfshi këtu konfliktin me vëllanë e tij, Esaun[3] dhe humbjen e një prej djemve të tij, Jozefin, i cili u shit si skllav në Egjipt[4]

Tregimi rreth luftës së Jakobit me Zotin gjendet në librin Zanafilla të Biblës. Sipas tregimit, Jakobi ishte nisur për të takuar vëllanë e tij, Esaun, nga i cili kishte qenë ndarë në mënyrë konfliktuale disa vite më parë. Në një nga këto netë, Jakobi dërgon familjen dhe të gjitha pasuritë e tij matanë lumit Jabok, ndërkohë që ai ngelet i vetëm.

Në këtë pikë, thuhet se Jakobi "luftoi me një njeri deri në agim". Pas një luftimi të gjatë, personi misterioz i kërkon Jakobit ta lëshojë, por Jakobi refuzon ta bëjë këtë pa marrë më pare bekimin nga ai. Figura atëherë e ndryshon emrin e Jakobit në Izrael, duke i thënë atij "sepse ti ke luftuar me Perëndinë dhe me njerëzit, dhe ke fituar". Ky person i panjohur shpesh interpretohet si një engjëll ose si vetë Jahve, dhe ndërrimi i emrit të Jakobit përfaqëson një tranzicion të rëndësishëm në jetën dhe identitetin e tij.

Një sqarim kërkohet këtu në lidhje me numrin 12, numër ky që ka një rëndësi të madhe në traditën e Judaizmit dhe më pas të Krishterimit. Në Judaizëm, numri 12 përfaqëson Dymbëdhjetë Tributë e Izraelit, të cilat e kanë origjinën nga dymbëdhjetë djemtë e Jakobit. Këto fise janë themeluese të kombit hebraik dhe përfaqësojnë bashkimin e popullit të Zotit.

Feja Helm

Më vonë, në Krishterim, numri 12 përdoret për të përfaqësuar dymbëdhjetë dishepujt e Jezusit, të cilët janë ndjekësit e parë dhe më të afërt të tij, dhe janë dërguar për të përhapur mesazhin e tij. Kështu, numri 12 vazhdon të mbajë një simbolikë të fuqishme përbrenda feve monoteiste. Kjo padyshim që tregon natyrën huazuese të besimeve siç është krejt normale në një kohë kulturash të përbashkëta dhe nuk ka të bëjë me një domethënie specifike të këtyre numrave por thjeshtë tregon natyrën njerëzore (jo hyjnore) të krijimit të besimeve. Aq më tepër që numri 12 ka shumë gjasa që është huazuar nga besimet pagane të shenjave të zodiakut.

Historia e këtyre tre figurave në Judaizëm është përcjellë përmes tregimeve biblike, këngëve dhe ritualeve, dhe ata janë përkujtuar për guximin e tyre, besimin dhe sakrificat që bënë për popullin e tyre. Ata paraqiten si njerëz të ndershëm dhe të drejtë, të cilët u përballën me sfida, por që gjithmonë e mbështetën në besimin e tyre tek Jahve i cili e mbajti premtimin e tij për tokën dhe shumë pasaardhës. Ndërkohë, ndjekësit e Judaizmit akoma i nderojnë këto figura për kontributin e tyre në formimin e besimit të popullit të tyre.

Këtu mund të heqim një paralele ndërmjet ngjashmërisë së perceptimit të figurave si Abrahami, Isaku, Jakobi nga komunitetet e tyre me atë të popullit tonë në lidhje me Gjergj Kastriotin – Skënderbeun. Të gjithë këta njerëz kanë dhënë kontribute të mëdha ndaj komuniteteve të tyre dhe kanë lënë gjurmë të thella në historinë dhe kulturën e popullit të tyre.

I vetmi ndyshim këtu është se figurat biblike, si Abrahami, Isaku dhe Jakobi, shihen si të frymëzuar nga Zoti, duke vepruar në përputhje me udhëzimet e tij dhe duke luajtur një rol në realizimin e planit të tij. Ata janë vlerësuar për besimin e tyre, guximin dhe përkushtimin ndaj Zotit dhe janë përkujtuar si figura të rëndësishme në historinë e Judaizmit. Ndërkohë, figura e Gjergj Kastriotit shikohet nga populli ynë më tepër si një hero kombëtar i luftës kundër pushtuesve otomanë dhe jo aq në lidhje me një mision të frymëzuar nga Zoti.

Nuk është e vështirë të kuptohet pse tre patriarkët e Judaizmit vlerësohen kaq shumë nga populli i tyre, duke qenë se ata i dhanë atij popull identitetin e tij, identitet i cili e ndihmoi atë të mbijetonte në një zone të kapluar nga konfliktet e thella. Nqs do u heqim veshjen hyjnore, këto tri figura nuk kanë ndonjë ndryshim me shumë figura të tjera të rëndësishme kombëtare të popujve të tjerë, përfshi këtu edhe popullin tonë.

Përhapja e Judaizmit

Pas Abrahamit, feja u përhap nëpërmjet fëmijëve të tij, të cilët u vendosën në Egjipt për shkak të urisë që kishte kapluar në zonën e Kananit. Kjo periudhë kohore në Egjipt, e cila përfshin një periudhë të gjatë skllavërie, përfundon me çlirimin e hebrejve nga Moisiu, një ngjarje e njohur si Dalja. Ngjarja e Daljes tregohet në librin e dytë të Biblës, Eksodi, dhe ka një rëndësi domethënëse në Judaizëm.

Sipas librit Zanafilla në Bibël, uria që kaploi zonën e Kananit ishte si rezultat i një periudhe të gjatë thatësire. Fëmijët e Jakobit, të cilët njiheshin si patriarkët e dymbëdhjetë fiseve të Izraelit, vendosën të shkonin në Egjipt për të gjetur ushqim, pasi Egjipti ishte e njohur për bujqësinë e tij të pasur e cila ishte e aftë t'i mbijetonte thatësirave në sajë të lumit Nil.

Për sa i përket kalimit në Egjipt, ky vendim nuk u mor lehtësisht. Në fakt, historia e Jozefit, i cili ishte një nga djemtë e Jakobit, luan një rol të rëndësishëm në këtë pikë. Jozefi u shit nga vëllezërit e tij si skllav në Egjipt për shkak të xhelozisë por që më vonë arriti të bëhej zyrtar i lartë në administratën e Faraonit. Kur uria goditi Kananin, Jozefi i ftoi vëllezërit dhe familjet e tyre të vinin në Egjipt, ku ata do të ishin të sigurtë dhe do të gjenin ushqim të mjaftueshëm.

Jozefit, si i preferuari në mes të djemve të Jakobit, i ishte dhuruar një petk i shumëngjyrëshëm që simbolizonte favorizimin nga babai i tij. Ky favorizim u shndërrua në xhelozi të vëllezërve të tij, të cilët mësuan ta urrenin Jozefin.

Vlen të përmendet që një pjesë e madhe e xhelozisë së tyre erdhi si rezultat i ëndrrave profetike të Jozefit, i cili shpesh u tregonte vëllezërve për ëndrrat e tij, të cilat shumë herë e parashikonin atë si figurë dominuese mbi vëllezërit e tij. Në një prej këtyre ëndrrave, Jozefi i shikonte vëllezërit duke u përulur para tij[5] gjë kjo që e përforcoi edhe më tej xhelozinë dhe urrejtjen e tyre.

Feja Helm

Për shkak të kësaj xhelozie, vëllezërit e tij vendosën ta shisnin Jozefin si skllav në Egjipt dhe më pas i thanë Jakobit se Jozefi kishte vdekur. Megjithatë, Jozefi arriti të mbijetonte dhe më pas u ngjit në hierarkinë e administratës së Faraonit në Egjipt, duke u bërë një ndihmës i vyer për Faraonin, duke siguruar kështu një vend të sigurt për familjen e tij gjatë viteve të zisë së bukës.

Pas vdekjes së Jozefit dhe ndryshimeve të pushtetit në Egjipt, hebrejtë u bënë viktimë e një faraoni të ri i cili nuk i merrte parasysh kontributet e Jozefit dhe njerëzve të tij. Kështu, hebrejtë u skllavëruan dhe u përdorën për të ndërtuar monumente dhe qytete të mëdha për faraonët e Egjiptit. Kjo periudhë e skllavërisë, sipas traditës biblike, zgjati për më shumë se tre shekuj, deri në kohën e lindjes së Moisiut dhe historisë së Daljes (Eksodit).

Bibla nuk e përcakton emrin e Faraonit të ri që erdhi në pushtet pas vdekjes së Faraonit për të cilin Jozefi punonte. Ai thjeshtë referohet si "një Faraon i ri që nuk e kishte njohur Jozefin" (Dalja 1:8). Kjo gjë e vështirëson identifikimin e tij me një figurë historike të njohur.

Faraoni i ri ishte në kontrast të thellë me Faraonin e mëparshëm që e kishte pranuar Jozefin dhe familjen e tij. Ky Faraon i ri i pa hebrejtë si një kërcënim të mundshëm për stabilitetin e tij në pushtet. Ai u frikësua nga numri i madh i hebrejve dhe mendoi se ata mund të bashkoheshin me armiqtë e Egjiptit nëse do të kishte një luftë. Për ta parandaluar këtë, ai i skllavëroi hebrejtë dhe i mbajti ata të sunduar me punë të rënda dhe me politika të ashpra.

Kjo skllavëri e hebrejve zgjati për disa shekuj, gjatë të cilëve ata punuan në projekte të mëdha ndërtimi në qytetet egjiptiane. Kushtet e tyre të vështira të jetesës u lehtësuan vetëm kur Moisiu ngjiti shkallët si prijës i tyre dhe udhëhoqi Daljen e tyre nga Egjipti.

Moisiu është një tjetër nga figurat më të rëndësishme të Judaizmit dhe njeriu i cili nxori hebrejtë nga skllavëria në Egjipt. Moisiu kishte lindur në Egjipt si hebre, por u adoptua nga vajza e Faraonit dhe u rrit në pallatin mbretëror.

Në moshë të rritur, Moisiu u trondit nga trajtimi i egër i hebrejve nga egjiptianët dhe u detyrua të largohej nga Egjipti pasi vrau një egjiptian që po rrihte një hebre. Ai u strehua në tokën e Midianit, ku u martua dhe u bë bari delesh.

Pas një përballjeje me Zotin i cili i paraqitet Moisiut në formën e një shkurreje të ndezur flakë, Moisiu u thirr në Egjipt për të çliruar hebrejtë. Ai u kthye dhe i kërkoi Faraonit t'i lironte hebrejtë, por Faraoni refuzoi. Pas kësaj, Jahve dërgoi dhjetë goditje mbi Egjipt, duke filluar nga sëmundjet e kafshëve, krimbat, shi gurësh, errësira dhe vdekja e fëmijëve të porsalindur egjiptianë. Kjo e fundit e detyroi Faraonin më në fund t'i lejonte hebrejtë të largohen dhe njihet si historia e kalimit (fluturimit) sipër ose Pesahit që në kulturën e sotme fetare festohet si Pashkët (por që në fakt janë dy festa krejt të ndyshme).

Dalja u shoqërua me shumë ngjarje të mëdha, përfshi këtu ndarjen e Detit të Kuq nga Moisiu në mënyre që hebrejtë të kalonin dhe më pas deti të mbyllet mbi ushtrinë egjiptiane që po i ndiqte nga pas. Këtu fillon edhe udhëtimi i gjatë prej 40 vitesh në shkretëtirë, periudhë kjo kur Moisiu mori Dhjetë Urdhëresat e Jahve-it në Malin Sinai, që sigurisht është një ndër momentet kyçe të Judaizmit.

Moisiu ndan detin për të lejuar kalimin e hebrejve

Feja Helm

Kjo ngjarje ndodhi gjatë udhëtimit për 40 vite në shkretëtirë të popullit çifut para se ata të arrinin Tokën e Premtuar. Pasi Moisiu u largua për në Malin Sinai për të marrë Urdhëresat e Jahve-it, njerëzit e tij filluan të dyshojnë nëse ai do të kthehej a jo dhe në mungesë të udhëheqjes së tij, ata filluan të adhurojnë një viç të artë si zotin e tyre.

Kur Moisiu u kthye dhe pa këtë gjë, ai i përplas dhe i thyen pllakat e Dhjetë Urdhëresave nga zemërimi. Më pas, ai ndëshkoi ata që i kishin kthyer shpinën Jahve-it. Pas kësaj, Moisiu u ngjit për së dyti në Malin Sinai, ku Jahve i dha një set të dytë të pllakave me Dhjetë Urdhëresat.

Kjo ngjarje paraqet një moment vendimtar në historinë e hebrejve, pasi ata u ndëshkuan për shkeljen e besimit të tyre dhe mësuan vlerën e besnikërisë ndaj Zotit. Kjo ngjarje ndodhi para se ata të hynin në Tokën e Premtuar, gjë e cila u bë realitet pas vdekjes së Moisiut.

10 Urdhëresat – Burimi: Public Domain

Vështirësitë e Fillimit

Hebrejtë, gjatë qëndrimit të tyre në Egjipt, u shtypën dhe u skllavëruan për disa shekuj. Përvoja e tyre e shtypjes, që përfshiu punë të rënda ndërtimi, u bë një pjesë e thellë e identitetit të tyre kombëtar dhe fetar, dhe i nxitën ata të bashkohen dhe të luftojnë për lirinë e tyre. Çlirimi nga robëria dhe udhëtimi i tyre drejt "Tokës së Premtuar" - Kananit[6] një rajon i cili përfshin pjesë të shteteve moderne të Izraelit, Palestinës, Libanit dhe Sirisë – janë pjesa qendrore e historisë së Judaizmit dhe vazhdojnë të luajnë një rol të rëndësishëm në ritualet dhe festat e kësaj feje.

Feja Helm

Në mungesë të shkrimeve historike nga palë të treta ose të Egjiptianëve vetë, shumica e atyre që dihet për jetën e hebrejve në Egjipt vjen nga Bibla, në veçanti libri i Daljes.

Përvoja e hebrejve në Egjipt është shumë e rëndësishme për identitetin e tyre, dhe është përdorur shpesh si një simbol i çlirimit dhe rezistencës së tyre ndaj shtypjes dhe persekutimit. Gjithashtu, kjo përvojë ka ndikuar në formimin e festave të Judaizmit, si Pesahi, që feston Daljen dhe çlirimin nga skllavëria.

Por arritja në Kanan nuk do të ishte e lehtë. Atje tashmë jetonin popuj të ndryshëm, të cilët do i rezistonin hebrejve. Historitë biblike tregojnë për luftëra të shumta dhe konflikte me popuj si Kananitasit, Filistinasit, Moabitët dhe Amalekitët. Ndërkohë, hebrejtë e ndanë vendin në 12 fise, duke u bazuar në 12 bijtë e Jakobit, duke krijuar kështu një federatë të fiseve të cilat ishin të përbashkëta në besimin e tyre monoteist dhe trashëgiminë e tyre nga Abrahami. Këto fise përfshinin Rubenin, Simeonin, Levin, Judën, Danin, Naftalin, Gadin, Asherin, Isakarin, Zebulunin, Jozefin (i ndarë më vonë në fise të Efraimit dhe Manasehit) dhe Benjaminin[7]

Beteja e Jericho – Burimi: Public Domain

Pas ardhjes në Kanan, fise të ndryshme hebre filluan të vendoseshin dhe të përshtateshin me jetën atje. Një ndër elementët më të rëndësishëm të asaj kohe ishte thellimi dhe konsolidimi i besimit monoteist. Ata e njohën Jahve-in si Zotin e tyre të vetëm dhe e nderonin atë përmes ritualeve dhe ndërtimit të vendeve të shenjta ku hebrejtë mund të mblidheshin për ta nderuar Zotin e tyre.

Ligjet dhe rregullat e nxëna nga Moisiu, të cilat ishin përcaktuar në Dhjetë Urdhëresat dhe Kodin e Ligjeve të tjera të mëvonshme, u bënë një pjesë themelore e jetës së tyre. Këto ligje dhe rregulla i udhëzonin hebrejtë në çështje të ndryshme, duke përfshirë këtu marrëdhëniet shoqërore, drejtësinë, lutjet, dhe higjienën, jo vetëm si një mënyrë e drejtë e jetesës, por edhe si shenjë e besnikërisë ndaj Zotit të tyre.

Popujt e Kananit si filistinët, moabitët dhe amalekitët janë disa nga popujt që përshkruhen në Bibël si armiq të hebrejve. Këta popuj kanë qenë të pranishëm në historinë e lashtë të Lindjes së Mesme dhe janë përmendur në shkrimet e shumë civilizimeve të asaj kohe.

Luftërat dhe konfliktet me popujt vendas kanë qenë një pjesë e rëndësishme e krijimit të identitetit hebre. Si rezultat i këtyre konflikteve, hebrejtë u bënë më të bashkuar dhe më të fortë, duke krijuar atë që më vonë do quhej Mbretëria e Izraelit dhe më pas Mbretëria e Judës[8] Për shembull, konflikti i vazhdueshëm me filistinët çoi në ngritjen e Davidit, një figurë e njohur në historinë e Judaizmit, në pushtet si mbret i Izraelit.

Konfliktet mes hebrejve dhe filistinëve janë të theksuara në disa prej librave të vjetër testamentit, duke përfshirë librat e Gjyqtarëve dhe Samuelit.

Një nga konfliktet më të njohura dhe të rëndësishme me filistinët është përballja e njohur midis Davidit dhe Goliatit. Sipas Biblës, Davidi, i cili më vonë do të bëhej mbreti i Izraelit, u përball me filistinasin Goliat, një gjigant i fuqishëm në betejë. Pavarësisht se Goliatit iu parashikua fitorja, Davidi e mundi atë me një gur dhe një shkop, duke fituar jo vetëm betejën, por edhe respektin dhe besimin e hebrejve.

Historia e Davidit dhe Goliatit, siç tregohet në Bibël (1 Samuel 17), flet për Davidin që nuk ishte veçse një djalosh i ri, i cili u zgjodh për të përballuar Goliatin, një gjigant filistin dhe një ushtar mjaft i aftë. Davidi refuzoi armët e ofruara nga mbreti, duke zgjedhur në vend të tyre të luftonte vetëm me një shkop dhe një gur.

Në fillim të dyluftimit, Davidi gjuan një gur me bishtin e shkopit duke e qëlluar në ballë Goliatin, dhe duke bërë që ai të rrëzohet në tokë. Përsëri sipas Biblës, ai vrapon për tek Goliati i shtrirë, i rrëmben shpatën, dhe e vret duke i prerë kokën. Pavarësisht se Davidi kishte një fizik të pazhvilluar dhe ishte shumë më i vogël në krahasim me Goliatin, ai e mundi atë përmes zotërimit të shkathtësisë dhe besimit të tij tek Zoti.

Beteja në mes Davidit dhe Goliatit – Burimi: Public Domain

Kjo është një histori e rëndësishme në Judaizëm si një simbol i fitores së besimit mbi fuqinë fizike apo superioritetit të armëve.

Në përgjithësi, përvojat e konflikteve me popujt e kananit si dhe ato të brendshme i ndihmuan hebrejtë të rrisin një ndjenjë të fortë të identitetit kombëtar dhe fetar, të cilën e ndajnë edhe sot. Kjo ndjenjë e identitetit dhe kulturës së përbashkët ka qenë e rëndësishme për mbijetesën e hebrejve si popull gjatë shekujve, dhe vazhdon të jetë e rëndësishme për hebrejtë edhe sot.

Feja Helm

Konfliktet e Hebrejve me Romën e Lashtë

Përpara sundimit romak, Juda ishte pjesë e Perandorisë Seleucide[9] dhe pas një periudhe të gjatë të konflikteve të njohura si Luftërat e Makabeve, u kthye në shtetin e pavarur të Jude-së. Kjo pavarësi zgjati për disa dekada, por në vitin 63 p.e.s.[10] romakët e pushtuan dhe filluan ta sundojnë Jude-në si provincë të perandorisë së tyre.

Konflikti me romakët u thellua me kalimin e kohës, ngaqë sunduesit romakë shpesh e keqtrajtonin popullatën lokale dhe nuk i respektonin zakonet dhe besimet e tyre fetare. Ky tension çoi në disa revolta kundër sundimit romak, përfshi këtu Kryengritjen e Jude-së gjatë viteve 66-73 p.e.s.[11] (e njohur ndryshe si Lufta e Parë Romako-Judaike) dhe Kryengritjen e Bar Kokhbas, 132-136 p.e.s.[12]

Lufta e Parë Romako-Judaike përfundoi me shkatërrimin e Tempullit të Jeruzalemit nga romakët në vitin 70 p.e.s.[13] një ngjarje e rëndësishme për Judaizmin sepse Tempulli ishte qendra e adhurimit dhe ritualit hebraik. Kryengritja e Bar Kokhbas ishte përpjekja e fundit e madhe e Jude-së për të fituar pavarësinë nga Roma dhe përfundoi me shumë viktima dhe dëmtime të mëdha.

Shkatërrimi i Tempullit të Jeruzalemit – Burimi: Public Domain

Siç u tha pak më sipër, një nga ngjarjet më të rëndësishme në historinë e Judaizmit ishte ndërtimi dhe më pas shkatërrimi i Tempullit të Parë dhe Tempullit të Dytë në Jeruzalem. Tempulli ishte qendra kulturore dhe fetare e hebrejve dhe shkatërrimi i tij la pasoja të rënda.

Tempulli i Parë, i njohur gjithashtu si Tempulli i Solomonit, u ndërtua në shekullin e 10-të p.e.s. nga mbreti Solomon, i biri i mbretit David. Ky tempull shërbeu si qendra e adhurimit për hebrejtë dhe vendi ku u ruajt Arka e Besëlidhjes, që mbante brenda pllakat e Dhjetë Urdhëresave të cilat Moisiu i mori në Malin Sinai. Ai u ndërtua me madhështi dhe u dekorua me ar dhe hekur, duke pasur kështu një domethënie të madhe për hebrejtë.

Por, në vitin 586 p.e.s, Babilonia, nën mbretin Nebukadnetsar II, pushtoi Jeruzalemin dhe shkatërroi Tempullin e Solomonit[14] Kjo ngjarje shënoi fillimin të ashtëquajturës Robëri Babilonase, ku shumë hebrej u dëbuan dhe u dërguan si skllevër në Baboloni. Kjo ishte një traumë e madhe për popullin hebre e cila la gjithashtu gjurmë të thella në formimin e identitetit të tyre.

Më vonë, në vitin 539 p.e.s.[15] perandoria Persiane mposhti Babiloninë dhe lejoi hebrejtë të kthehen në Jeruzalem dhe të rindërtojnë Tempullin. Ky u njoh si Tempulli i Dytë dhe përsëri u bë një qendër e rëndësishme e adhurimit për hebrejtë.

Por edhe kjo nuk do të zgjaste. Siç u përmend më sipër, në vitin 70 p.e.s., gjatë Revoltës së Parë Hebraike kundër Perandorisë Romake, romakët nën komandën e Titusit pushtuan Jeruzalemin dhe e shkatërruan Tempullin e Dytë.

Këto shkatërrime u konsideruan si prova të vështira dhe që, sipas hebrejve, dëshmojnë për sfidat dhe vështirësitë me të cilat ata u përballën si popull. Megjithatë, ata arritën ta ruajnë dhe ta rrisin identitetin e tyre kombëtar dhe fetar, pavarësisht shkatërrimeve dhe përmbysjeve të mëdha në historinë e tyre.

Romakët, siç ishte norma me perandoritë e mëdha të kohës, sundonin me grusht të hekurt për të mbajtur kontrollin mbi territorin e tyre të gjerë dhe divers. Këtë ata e realizonin duke vendosur garrizonet e tyre në territoret e pushtuara, dhe më pas me anën e taksave, dhe në raste të caktuara edhe duke imponuar kulturën dhe traditat e tyre të huaja mbi popujt që sundonin. Në ndonjë rast, ata edhe ndërtonin koloni romake me qëllim të "romanizimit" të popujve vendas.

Në rastin e hebrejve, ky sundim i fortë shpesh u shfaq në formën e taksave të larta, të drejtave të kufizuara qytetare, dhe përpjekjeve për të shtypur praktikat dhe simbolet fetare hebraike, një nga të cilat ishte bërja synet. Romakët gjithashtu u përpoqën t'i integrojnë hebrejtë në perandorinë e tyre me anë të ndërtimit të strukturave dhe monumenteve romake dhe me anë të promovimit të kulturës romake.

Historia e hebrejve gjatë sundimit romak është një periudhë e gjatë dhe e ndërlikuar që përfshin shumë ngjarje të rëndësishme. Një shembull tjetër i rëndësishëm i konfliktit dhe rezistencës së hebrejve ndaj romakëve është Rebelimi i Dytë i hebrejve, i njohur gjithashtu si Revolta e Bar Kokhba, që ndodhi rreth 60 vjet pas rebelimit të parë, në vitet 132-136 p.e.s.[16]

Ky rebelim, i udhëhequr nga Simon bar Kokhba, erdhi si pasojë e politikave të Perandorit Hadrian të cilat synonin të romanizonin Jeruzalemin dhe të ndalonin disa praktika fetare hebraike. Mbas një fillimi të suksesshëm, rebelimi u shua me ashpërsi nga forcat romake. Pasojat ishin shkatërrimtare për popullin hebre: qindra mijëra hebrej u vranë, mijëra të tjerë u dëbuan ose u skllavëruan, dhe Jeruzalemi u ndërtua përsëri si një qytet romak me emrin Aelia Capitolina. Nga kjo pikë e tutje, shumica e hebrejve jetuan jashtë të ashtuquajturës "Tokë e Shenjtë" duke krijuar diasporën hebre.

Simon bar Kokhba, by Deror avi - Own work, CC BY-SA 3.0, https://commons.wikimedia.org/w/index.php?curid=4084996

Pra, periudha e sundimit romak ishte një kohë e rëndë konflikti për Judaizmin, me pasojë shkatërrimin e Tempullit dhe humbjen e pavarësisë politike të Jude-së. Kjo periudhë përfundoi me heqjen e çdo pranie hebraike në

Feja Helm

Jeruzalem dhe ndryshimin e emrit të provincës në "Palestinë" nga Romakët, në përpjekje për të fshirë çdo lidhje të Jude-së me të kaluarën e saj.

Gjithashtu, kjo periudhë e historisë hebreje përfshin edhe lindjen e Krishterimit. Jezusi i Nazaretit, një mësues hebre i cili u kthye në figurën qendrore të Krishterimit, jetoi dhe predikoi në këtë kohë. Konfliktet e tij me autoritetet fetare dhe romake të kohës, si dhe vdekja e tij në kryq, janë pjesë e thelbësore e doktrinës së krishterë. Pasi vdiq, ndjekësit e tij e shpallën si Mesian dhe filluan të përhapnin mësimet e tij, duke çuar në formimin e Krishterimit si një fe e re, e cila më vonë do të kishte një ndikim të madh në historinë botërore.

Historia e Feve Monoteiste

Kapitulli II

Jezu Krishti i Nazaretit

Fëmija Jezus, by Sailko - Own work, CC BY 3.0,
https://commons.wikimedia.org/w/index.php?curid=31598892

Ardhja e Jezu Krishtit

Feja Helm

Në shekullin e parë p.e.s., në kohën e Perandorisë Romake, lindi Jezusi i Nazaretit, i cili do të themelonte Krishterimin. Jezusi, i cili vetë ishte hebre, u rrit në një mjedis ku konflikti me romakët dhe çështjet fetare ishin në qendër të jetës së përditshme. Ai nisi një lëvizje fetare që më vonë do të çonte në themelimin e Krishterimit, duke ndikuar thellësisht mbi historinë e botës.

Në shekullin e parë p.e.s., Perandoria Romake kishte pushtuar të gjithë Lindjen e Mesme, përfshi edhe Jeruzalemin dhe territoret e tjera hebre. Edhe pse Romakët toleronin praktikat fetare vendase, ata kishin tendenca të sundonin me grusht të hekurt dhe shpeshherë konfliktet me popullësitë e pushtuara ishin të pashmangshme. Hebrejtë, në veçanti, i rezistonin romakëve për shkak të bindjeve të tyre të forta fetare dhe kombëtare.

Jezusi u përball me sfidat e mbizotërimit romak dhe pabarazisë sociale dhe ekonomike, dhe shpesh këto çështje reflektoheshin në mësimet e tij. Jezusi kishte një mesazh të fuqishëm të dashurisë dhe paqes, i cili u përhap ndër hebrejtë dhe më pas u pranua gjerësisht nga popujt e Perandorisë Romake.

Jezu Krishti, i quajtur edhe Jezusi i Nazaretit, lindi në një periudhë të historisë të quajtur "Inter Testamentum", që është midis testamentit të vjetër dhe të ri të Biblës. Sipas tregimeve të Biblës, ai u lind nga Maria, e cila ndonëse ishte e virgjër, sipas Biblës kishte qenë lajmëruar nga engjëlli Gavril se do të lindte një fëmijë. I ati i Jezusit sipas fesë së krishterë është Zoti vetë, dhe kjo lindje mrekullore njihet si Konceptimi Virgjëror.

Jezusi lindi në Betlehem, por u rrit në qytetin e Nazaretit, emrin e të cilit edhe mori duke u quajtur Jezusi i Nazaretit. Ai ishte biri i një ndërtuesi (mundet të ketë qenë një ndërtues ose zanatçi), siç e tregon Bibla. Ndërkohë, ai mësoi ligjin hebraik dhe u rrit sipas traditës hebre.

Një ngjarje e hershme e treguar në Bibël në lidhje me jetën e Jezusit është vizita e tij në Tempullin e Jeruzalemit në moshën 12 vjeçare, ku ai debaton me mësuesit e ligjit. Kjo ngjarje tregon një interesim të hershëm në çështjet fetare dhe ligjore dhe një inteligjencë mbi mesataren të Jezusit.

Por, në përgjithësi, Bibla nuk jep shumë detaje për jetën e hershme të Jezusit. Ai nuk fillon të shfaqet në regjistrat historikë deri në fillim të daljes së tij publike, e cila fillon me pagëzimin e tij nga Gjon Pagëzuesi, dhe vazhdon me predikimin e tij, mrekullitë, dhe mësimet e tij. Kjo periudhë e jetës së Jezusit është e regjistruar gjerësisht në katër ungjijtë e Testamentit të Ri: Mateu, Marku, Luka, dhe Gjoni.

Konfliktet me Romakët, por edhe me elitat fetare dhe politike hebreje, u intensifikuan. Mësimet e Jezusit u shikuan si një kërcënim ndaj status kuo-së gjë që kulminoi me ekzekutimin e tij në kryq si rebel kundër Perandorisë Romake. Vdekja e tij u interpretua nga ndjekësit e tij si një sakrificë për shpëtimin e njerëzimit dhe ai u shpall si Mesia, ose "i Dërguari", që hebrejtë e kishin pritur.

Megjithëse mësimet e Jezusit të Nazaretit janë shpesh të lidhura me paqe dhe dashuri, në kontekstin e kohës dhe vendit ku ai jetoi, ato kishin potencialin për të kërcënuar status kuo-në. Kjo ndodhi për disa arsye.

Së pari, Jezusi sfidonte autoritetet fetare hebreje të kohës. Ai kritikoi shpesh farisenjtë dhe saducenjtë, të cilët ishin dy prej grupimeve fetare kryesore hebreje në kohën e tij. Ai i akuzoi ata për hipokrizi dhe që nuk përmbushnin shpirtin e ligjit të Moisiut, duke u përqendruar më shumë në përmbushjen e ligjeve dhe rregullave të romakëve.

Së dyti, Jezusi e deklaroi veten si "Mbreti i hebrejve", i cili ishte një titull me konotacione mesianike. Kjo do të mund të interpretohej si një sfidë ndaj autoritetit romak, pasi romakët kishin të drejtën e vetme për të caktuar mbretërit në provincat e tyre.

Së treti, Jezusi u përhap me një lëvizje popullore rreth tij, që mund të shihet si një kërcënim ndaj qetësisë publike. Një shembull i kësaj është ngjarja e ashtuquajtur "E Mërkura e Hirtë", kur Jezusi hyri në Jeruzalem mbi një gomar dhe u prit me entuziazëm nga turma e njerëzve, të cilët e përshëndetën atë si një figurë mesianike. Kjo gjë mund të ketë ngjallur frikën e një rebelimi tek autoritetet romake.

Feja Helm

Përveç kësaj, në fund të jetës së tij, Jezusi bëri aktin e famshëm të spastrimit të tempullit, ku ai përzuri tregtarët dhe kambistët nga Tempulli i Jeruzalemit, duke i akuzuar ata se e kanë shndërruar shtëpinë e Zotit në "një shpellë hajdutësh". Ky akt i hapur sfidues ndaj autoritetit të Tempullit, i cili ishte një institucion i rëndësishëm fetar dhe politik, mund të ketë alarmuar si liderët hebrej ashtu dhe autoritetet romake.

Si pasojë e këtyre veprimeve, Jezusi u arrestua nga autoritetet hebreje dhe u dorëzua tek autoritetet romake, të udhëhequra nga Ponc Pilati, guvernatori romak i Jude-së. Ai u dënua me vdekje për blasfemi dhe për sfidim ndaj autoritetit romak dhe më pas u ekzekutua nëpërmjet kryqëzimit, një formë romake ndëshkuese e asaj kohe.

Pas vdekjes së Jezusit, mësimet e tij u përhapën në të gjithë Perandorinë Romake nga dishepujt e tij dhe ndjekësit e tjerë, duke formuar bazën e besimit që më vonë do të njihet si Krishterimi. Për shkak të ndikimit të tij të madh, konfliktet ndërmjet romakëve dhe hebrejve, dhe ndërmjet të krishterëve dhe hebrejve, do të ndikonin thellësisht në zhvillimin e historisë së Perëndimit.

Ngritja e Kryqit, by Didier Descouens - Own work, Public Domain, https://commons.wikimedia.org/w/index.php?curid=85004855

Legjenda e Ringjalljes së Jezu Krishtit

Ringjallja e Jezusit është një nga ngjarjet më të rëndësishme dhe thelbësore të besimit të krishter. Ai është momenti kur Jezusi, pas vdekjes së tij në kryq, u ringjall nga i vdekur, gjithnjë sipas besimit të krishterë kjo. Ngjarja e ringjalljes së tij është përmendur në të katër ungjillet e Testamentit të Ri (Mateu, Marku, Luka, dhe Gjoni).

Sipas ungjijve, pas vdekjes së tij, trupi i Jezusit u varros në një varr të ri, të cilin e kishte dhuruar një njeri i pasur i quajtur Josifi i Arimateas. Më vonë, pas dy ditësh, disa gra (në mes të cilave Maria Magdalena dhe Maria, nëna e Jakobit, sipas versioneve të ndryshme) shkuan në varr për të vajtuar Jezusin dhe për të përdorur erëza për trupin e tij, sipas zakoneve hebreje. Por, kur arritën atje, ato e gjetën gurin që mbyllte varrin të zhvendosur dhe varrin bosh. Ato u përballën me një ose dy figura të ndritshme, figura të cilat i informuan gratë se Jezusi ishte ringjallur.

Më pas, Jezusi iu shfaq dishepujve të tij dhe ndjekësve të tjerë në disa raste të ndryshme, duke i siguruar ata se ai ishte ringjallur nga i vdekur. Ai fliste me ta, hante me ta, dhe sipas Ungjillit të Gjonit, i lejoi ata të preknin plagët e tij për të treguar se ai ishte i vërtetë dhe i prekshëm. Pas 40 ditësh, Jezusi u ngrit në qiell, ngjarje kjo e njohur si Ngritja.

Besimi në ringjalljen e Jezusit është qendror për Krishterimin. Të krishterët e shohin si provën përfundimtare të identitetit të tij si Biri i Zotit dhe si triumfi mbi mëkatin dhe vdekjen. Pas ngjarjes së ringjalljes, dishepujt e Jezusit filluan të predikojnë mësimet e tij me një iniciativë të re dhe të fuqishme, duke çuar kështu në themelimin e Krishterimit si një fe më vete.

Kontradiktat në Lidhje me Ringjalljen e Jezu Krishtit

Ka shumë kontradikta në lidhje me ringjalljen e Jezu Krishtit, disa nga të cilat do paraqiten më poshtë:

Mungesa e konsistencës në tregimet biblike – Tregimet e ungjijve nuk janë gjithmonë të njëjta në lidhje me detajet rreth ringjalljes. Për shembull, sipas Ungjillit të Mateut, dy gra e gjetën varrin bosh dhe pastaj e takuan Jezusin, ndërsa sipas Ungjillit të Markut, Maria Magdalena, Maria e Jakobit dhe Salomeja e gjetën varrin bosh, por nuk e takuan Jezusin. Skeptikët thonë se këto kontradikta mund të tregojnë se tregimet u shtuan ose u ndryshuan gjatë shkrimit ose transmetimit gojor të tyre.

Mungesa e dëshmive jashta Biblës – Nuk ka asnjë dëshmi të pavarur të kohës për ringjalljen e Jezusit që vjen nga burime jashta Biblës. Historianët romakë të kohës, si Tacitus dhe Suetonius, nuk përmendin asgjë rreth ringjalljes, edhe pse shkruajnë për Jezusin dhe të krishterët.

Natyra e dëshmive e bazuar në besim – Dëshmitë për ringjalljen e Jezusit janë të një natyre të bazuar në besim, jo mbi baza shkencore. Nuk ka asnjë provë fizike për ringjalljen. Skeptikët thonë se nuk është e mjaftueshme të besosh në ngjarje të tilla vetëm në bazë të dëshmive të bazuara në besime.

Shpjegimet e mundshme natyrore – Disa skeptikë kanë sugjeruar se ndoshta Jezusi nuk vdiq sa ishte i kryqëzuar, por u "zgjua" nga gjendja gjysmë e vdekur, ose ndoshta trupi i tij u zhduk ose u vodh nga varri.

Hipoteza e halluçinimit – Disa skeptikë kanë sugjeruar se ndoshta dishepujt, të pikëlluar dhe të tronditur nga vdekja e Jezusit, kanë përjetuar vizione apo hallucionacione të Jezusit të "ringjallur", dhe i kanë keqinterpretuar këto përvoja si prova të ringjalljes së tij. Ata mundet që edhe thjeshtë të kenë dashur ta besojnë një vëgim të tillë nga pamundësia për të përballuar dhimbjen e madhe që u shkaktoi vdekja e Jezusit.

Pra, ndërsa disa besojnë thellësisht në ringjalljen e Jezusit si një fakt historik dhe fetar, skeptikët dhe kritikët e kanë sfiduar këtë besim në bazë të argumenteve të lartpërmendura.

Dishepujt e Jezu Krishtit

Pas vdekjes dhe ringjalljes së Jezusit, mësimet e tij u përhapën gjatë një periudhe të njohur si "Veprat e Apostujve", siç tregohet në librin e Biblës me të njëjtin titull. Dishepujt e tij, të njohur si Apostujt, u shpërndanë në Perandorinë Romake për të predikuar mësimet e Jezusit dhe për të themeluar komunitete të reja të besimtarëve.

Në vijim janë disa nga Apostujt më të rëndësishëm dhe rolet e tyre në përhapjen e mësimeve të Jezusit:

Pjetri[17]- I quajtur "shkëmbi" nga Jezusi, Pjetri ishte një lider i hershëm i komunitetit të krishterë në Jeruzalem. Ai kishte një rol të rëndësishëm në organizimin e kishës së parë të krishterë.

Feja Helm

St. Peter, by Peter Paul Rubens - originally uploaded on en.wikipedia by Wlkernan (talk · contribs) at 14 May 2005. Filename was Pope-peter pprubens.jpg., Public Domain, https://commons.wikimedia.org/w/index.php?curid=303203

Pjetri, emri i të cilit në lindje ishte Simon, është një nga figurat më të rëndësishme në historinë e hershme të Krishterimit. Si pjesëtar i grupit të parë të dishepujve të Jezusit, Pjetri është përmendur në katër librat e Testamentit të Ri (Mateu, Marku, Luka dhe Gjoni) si një nga ndjekësit më të afërt të Jezusit dhe një lider i komunitetit të hershëm të krishterë.

Pjetri njihet për angazhimin e tij aktiv në përhapjen e Krishterimit. Ai portretizohet si lideri i apostujve të krishterë në librin e Veprave të Apostujve, një libër historik që tregon për themelimin dhe zhvillimin e kishës së parë të krishterë.

Në librin e Veprave të Apostujve, Pjetri luan një rol kyç në shtjellimin e ngjarjeve të rëndësishme, siç janë Ardhja e Dytë e Krishtit dhe Dita e Gjykimit, kur fryma e shenjtë do zbresë mbi apostujt dhe të tjerët, dhe Pjetri flet për mënyrën e vetme të shpëtimit nëpërmjet besimit në Jezu Krisht. Gjithashtu, Pjetri udhëheq komunitetin e hershëm të krishterë dhe ndihmon në zgjerimin e tij, siç tregohet në Veprat e Apostujve, ku Pjetri viziton kisha në anë të ndryshme të Perandorisë Romake dhe ndihmon në konvertimin e shumë njerëzve në Krishterim.

Burimi kryesor për jetën dhe veprën e Pjetrit janë shkrimet e Testamentit të Ri në Bibël. Përveç ungjijeve dhe Veprave të Apostujve, disa letra në Testamentin e Ri, të quajtura Letrat e Pjetrit (1 Pjetri dhe 2 Pjetri), i janë atribuar Pjetrit, edhe pse ka debate akademike mbi autorësinë e tyre.

Sipas traditës së hershme të kishës, Pjetri udhëtoi në Romë dhe u bë bishop i atij qyteti. Ai njihet si i pari ndër Papët e Kishës Katolike Romake. Për këtë pjesë të historisë së tij, burimet vijnë kryesisht nga traditat e hershme të kishës dhe nga shkruesit e kishës së parë, si Klementi i Romës dhe Eusebiu.

Përfundimisht, figura e Pjetrit luan një rol të madh në krijimin dhe formimin e Krishterimit të hershëm. Ai ishte jo vetëm një ndjekës i afërt i Jezusit, por gjithashtu një lider kyç në përhapjen e Krishterimit pas vdekjes së Jezusit.

Pali[18] Nga një ish-persekutues i të krishterëve, Pali pësoi një shndërrim misterioz gjatë rrugës për në Damask dhe u bë një misionar i palodhshëm për Krishterimin. Ai shkroi shumë nga librat e ri të Testamentit dhe udhëtoi gjerësisht për të themeluar kisha dhe për të shpërndarë mësimet e Jezusit.

Feja Helm

St. Paul, by Rembrandt - National Gallery of Art, Washington D.C., Public Domain, https://commons.wikimedia.org/w/index.php?curid=37580930

Pali i Tarzusit (i njohur ndryshe si Shën Pali) është një figurë tjetër kyçe në historinë e Krishterimit. Përpara konvertimit të tij në Krishterim, ai ishte një hebre i sektit të farizejve dhe ishte i njohur për përndjekjen që u bënte të krishterëve.

Konvertimi i Palit është treguar në librin e Veprave të Apostujve, i shkruar nga Luka, njëri nga shkrimtarët e ungjillit. Pali ishte nisur për në Damask, me qëllim që të arrestonte të krishterët që gjendeshin atje kur ai përjetoi një vizion tek i cili i doli Jezusi. Ai u bë i verbër për tre ditë dhe më pas u shërua nga Anania i Damaskut, një ndjekës i Jezusit. Pas kësaj përvoje, Pali u bë një misionar i zjarrtë i Krishterimit.

Pali mori rolin e një udhëheqësi të rëndësishëm në zhvillimet e Krishterimit të hershëm. Ai udhëtoi gjerësisht në Perandorinë Romake, themeloi shumë kisha, dhe shkroi shumë nga librat e ri të Testamentit, të njohura si Letrat e Palit, të cilët përfshijnë Romakët, Korintasit, Galatasit, Efesianët, Filipianët, Kolosianët, dhe disa të tjerë.

Në letrat e tij, Pali përcolli mësime teologjike dhe praktike për jetën e krishterë, duke përfshirë mësime të rëndësishme si justifikimi i akteve nga besimi (Romakët 3:28), uniteti i trupit të Krishtit (1 Korintasit 12:12-27), dhe besimi si burimi i shpëtimit (Efesianët 2:8-9).

Pali gjithashtu u përball me përndjekje të shumta dhe vështirësi gjatë misionarizmit të tij, siç tregon libri i Veprave të Apostujve dhe letrat e tij. Sipas tregimeve të kishës, Pali u ekzekutua në Romë gjatë përndjekjeve të të krishterëve nga Perandori Neron rreth vitit 64-68 të e.s. por kjo nuk është e konfirmuar në Bibël.

Prandaj, burimet kryesore për jetën dhe veprën e Palit janë Libri i Veprave të Apostujve dhe Letrat e Palit në Testamentin e Ri. Këto dokumente na japin një pamje të detajuar të mënyrës së tij të jetesës dhe mësimeve, si dhe rolit të tij të rëndësishëm në përhapjen dhe formimin e Krishterimit të hershëm.

Gjoni[19] - Autori i dyshuar i Ungjillit të Gjonit dhe Trishtimi i Gjonit, Johani ishte një nga dishepujt më të afërt të Jezusit dhe kishte një ndikim të madh në zhvillimin e teologjisë së hershme të krishterë.

Feja Helm

St John, by Peter Paul Rubens - http://www.artbible.info/art/topics/rubens-apostles-series, Public Domain, https://commons.wikimedia.org/w/index.php?curid=32560019

Gjoni, i njohur gjithashtu si Gjon Apostulli, është një prej dymbëdhjetë apostujve të Jezusit dhe ashtu si tre të tjerët që u përmendën më sipër ka lënë gjurmë të rëndësishme në historinë e Krishterimit. Ai është përmendur shpesh në librin e Mateut, Markut dhe Lukës, si dhe në veprat e tij vetë: Ungjillin e Gjonit, tre letërkëmbimi i Gjonit, dhe Libri Zbulesa (Apokalipsi). Në këto tekste, ai është portretizuar si një shok i afërt i Jezusit dhe një dëshmitar i rëndësishëm i ngjarjeve teologjike.

Tek ungjilli i tij, Gjoni shfaq një fokus të fortë në identitetin e Jezusit si Biri i Perëndisë dhe në mënyrën se si ky identitet ndikon në mënyrën se si të krishterët duhet ta jetojnë jetën e tyre. Ndërkohë, në Letrat e tij, ai trajton çështje të ndryshme të krishterëve të hershëm, duke përfshirë konfliktet me heretikët, ndërthurjen e dashurisë dhe besimit, dhe rëndësinë e të sjellurit në mënyrë të drejtë.

Në Librin e Zbulesës, Gjoni përshkruan një vizion simbolik dhe misterioz të fundit të kohërave, duke përfshirë gjykimin e fundit, betejën e fundit në mes të mirës dhe të keqes, dhe krijimin e një qyteti të ri të qiellit dhe të tokës.

Këto vepra janë shkruar në një gjuhë dhe stil që është ndryshe nga shumica e librave të tjerë të Testamentit të Ri, duke sugjeruar se autorët kanë qenë personazhe të ndryshme, por që shpesh i atribuohen Gjonit.

Sipas traditës së Kishës, Gjoni jetoi më gjatë se të gjithë apostujt e tjerë dhe vdiq në qytetin e Efesit në Azinë e Vogël rreth vitit 100 të e.s. Ai njihet për besnikërinë e tij ndaj Jezusit deri në fund, duke e mbështetur atë edhe në kryqëzim. Ai gjithashtu ka pasur një rol të rëndësishëm për kujdesin ndaj Marisë, nënës së Jezusit, pas vdekjes së Jezusit.

Prandaj, burimet kryesore për jetën dhe veprën e Gjonit janë Ungjilli i Gjonit, Letrat e Gjonit, Libri i Zbulesës, dhe ungjijtë e tjerë të Testamentit të Ri. Këto dokumente paraqesin një pamje të detajuar të mënyrës së tij të jetesës dhe mësimeve, si dhe rolit të tij të rëndësishëm në formimin e teologjisë së hershme të krishterë.

Një pikëpamje gjerësisht e pranuar midis shkollarëve biblikë është se ungjilljet e Mateut, Lukës, Markut dhe Gjonit nuk janë shkruar vërtet nga personazhet historikë me ata emra. Kjo pikëpamje bazohet në analiza tekstuale, historike dhe stilistike të teksteve.

Ungjilli i Markut – Shumica e studiuesve besojnë se ky është ungjilli i parë që është shkruar, dhe si i tillë është baza për Mateun dhe Lukën. Autori i tij nuk e identifikon veten[20] dhe vërehet se emri "Marku" u shtua më vonë.

Ungjilli i Mateut – As autori i këtij libri nuk e identifikon veten. Shumica e studiuesve mendojnë se autori ishte një hebre i shkolluar që ka shkruar në greqisht dhe ka përdorur Ungjillin e Markut si burim referimi për të shkruar librin e tij.

Feja Helm

Ungjilli i Lukës – në literaturën e studiuesve të Biblës, ka debat në lidhje me autorësinë e Librit të Lukës dhe Aktet e Apostujve. Tradicionalisht, këta dy libra i janë atributuar Lukës, një mjek dhe bashkëudhëtar i Palit. Megjithatë, asnjë prej këtyre librave nuk e përmend ndokund se janë të shkruar nga Luka.

Ndërkohë që shumë besimtarë dhe studiues ende besojnë se Luka është autori, disa studiues të tjerë kanë shfaqur dyshime rreth kësaj autorësie, duke argumentuar se librat janë shkruar nga një autor i panjohur që ka përdorur burime të ndryshme, përfshi ndoshta disa që kanë qenë në dispozicionin e Lukës.

Këto mendime janë të bazuara në analiza të thella të tekstit, si dhe në studime të gjuhës, kontekstit historik, dhe burimeve të mundshme. Përfundimisht, autorësia e këtyre dy librave mbetet çështje e debatit dhe nuk është e mundur të konfirmohet me siguri të plotë.

Gjithësesi, tradicionalisht pranohet që autori i Lukës, kushdo që ai të jetë, nuk ishte një dëshmitar okular i ngjarjeve në Bibël.[21]

Ungjilli i Gjonit – edhe një herë, autori i tij nuk e identifikon veten[22] por thotë se ai është "dëshmitari" që i ka parë këto gjëra. Shumica e studiuesve besojnë se ky ungjill është shkruar nga një ndjekës i një grupi të vonshëm të besimtarëve të quajtur "komuniteti Gjonian". Kjo tregon se ai që e ka shkruar këtë ungjill nuk ishte aspak dëshmitar i Jezusit por thjeshtë një ndjekës i grupit të njohur me emrin e Gjonit.

Përveç këtyre, vlen të përmendet se shumica e librat e ri të Testamentit janë shkruar në emër të apostujve ose të ndjekësve të afërt të Jezusit, por studiuesit kanë shumë dyshime nëse ata janë vërtetë autorët[23] Për shembull, shumica e letrave të shkruara në emër të Palit kanë një stil dhe një strukturë të ndryshme nga ato që ai ka shkruar vërtetë, duke sugjeruar se ato janë shkruar nga të tjerët pas vdekjes së tij[24] Kjo ishte e zakontë në letërsinë e kohës, ku shpesh herë njerëzit shkruanin në emër të një personi të njohur për të shtuar autoritetin e tekstit.

Është e rëndësishme të vërejmë se një libër i shkruar me një identitet të rremë, pra duke përdorur emrin e dikujt tjetër për t'i dhënë rëndësi dhe autoritet librit, quhet fallsifikim, ose në më të mirën e rastit një pseudoepigraf. Termi "pseudoepigraf" vjen nga fjalët greke "pseudo" (e rremë) dhe "epigraf" (shkrim), dhe kështu është përdorur për të përshkruar librat që janë shkruar në emër të autorëve të famshëm, por që në të vërtetë janë shkruar nga të tjerët.

Rrëzimi i Perëndive: Krishterimi në Romën e Lashtë

Fenë zyrtare të Romës së lashtë e karakterizonte një panteon i larmishëm i perëndive dhe perëndeshave, të cilat kontrollonin çdo aspekt të natyrës dhe të jetës. Ky sistem politeistik u lejonte romakëve të nderonin një numër të madh perëndish, nga Jupiteri, perëndia kryesore, deri te perënditë dhe perëndeshat më të vogla që kontrollonin gjëra specifike si perëndia e korrjes, e dashurisë, e luftës, etj.

Përveç kësaj, kultet si Mitraizmi dhe kulti i Isis-it, ishin gjithashtu të popullarizuara në Romë, duke ofruar një përvojë më personale dhe misterioze fetare.

Feja Helm

Mitra duke vrarë demin, By Serge Ottaviani - Own work, CC BY-SA 3.0, https://commons.wikimedia.org/w/index.php?curid=25598813

Ardhja e Krishterimit paraqiti një sfidë të madhe për modelin politeistik romak. Krishterimi ishte monoteistik, i përqendruar vetëm te adhurimi i një Perëndie, dhe mohonte legjitimitetin e perëndive të tjera. Ai gjithashtu shpërndante një mesazh që ndryshonte nga vlerat romake, duke u përqendruar në dashuri, paqe, dhe barazi në vend të hierarkisë dhe luftës. Ai gjithashtu ofronte shpëtimin individual, i cili ishte një koncept i ri dhe i rëndësishëm në kontekstin e Perëndimit.

Për më tepër, Krishterimi kishte një strukturë hierarkike dhe të organizuar, e cila ishte në gjendje të kundërshtonte dhe të sfidonte autoritetin romak. Kjo, e kombinuar me refuzimin e të krishterëve për të bërë sakrifica për perënditë romake ose për perandorin si një perëndi, shpesh çoi në konflikte dhe persekutime.

Për shembull, Perandorët si Nero dhe Diokleciani u bënë të njohur për persekutimet e tyre ndaj të krishterëve. Të krishterët u akuzuan për ateizëm (pasi nuk besonin në perënditë romake), antishoqërim (pasi refuzonin të merrnin pjesë në festat e perëndive), dhe kanibalizëm (nga keqkuptimi i ritualeve të tyre eukariste që ka lidhje me praktikën e krishterë të ngrënies së bukës dhe pirjes së verës që simbolizojnë trupin dhe gjakun e Krishtit).

Pra, pas përhapjes së Krishterimit gjatë shekullit të parë dhe të dytë, ai filloi të tërheqë më shumë vëmendjen e autoriteteve romake, të cilat shpeshherë e persekutonin për shkak të ndryshimeve me fetë tradicionale romake. Por gjatë shekullit të tretë dhe të katërt, situata ndryshoi kur Perandori Konstantini i Madh e shpalli veten si i krishterë dhe lëshoi Dekretin e Milanos në vitin 313[25] i cili garantonte liri fetare për të gjithë qytetarët romakë. Ky ishte një hap i madh për Krishterimin, i cili më pas u bë feja zyrtare e Perandorisë Romake nën Perandorin Theodosi I në vitin 380.

Si përfundim, nga një grup i vogël e i përndjekur pas vdekjes së Jezusit, Krishterimi u përhap në të gjithë Perandorinë Romake dhe u bë një nga forcat më të mëdha dhe influencuese në formimin e historisë së Perëndimit.

Kapitulli III

Islami dhe Profeti Muhamet

Ardhja në Skenë e Islamit: Profeti Muhamet

Profeti Muhamet lindi në Mekë të Arabisë Saudite të sotme, rreth vitit 570 të e.s.[26] Ai ishte i biri i një tregtari të varfër që vdiq kur Muhameti ishte ende i vogël. Pas vdekjes së të atit, Muhameti u rrit nga gjyshi dhe më vonë nga xhaxhai i tij.

Në rini, Muhameti u bë një tregtar i suksesshëm dhe fitoi një reputacion për integritetin dhe ndershëmërinë e tij, duke marrë pseudonimin "Al-Amin" ose "i Besueshmi". Ai u martua me një grua të quajtur Khadijah, e cila ishte një tregtare e pasur dhe e suksesshme.

Rreth moshës 40-vjeçare, Muhameti filloi të kalojë kohë në një shpellë të malit Hira, pranë Mekës, ku meditonte dhe reflektonte mbi jetën. Gjatë njërës nga këto seanca, sipas traditës Islame, ai u vizitua nga engjëlli Xhibrail, i cili i shpalli se ishte zgjedhur si profet i Zotit. Kjo përvojë ishte fillimi i një serie "zbulimesh" që do të formonin Kuranin, librin e shenjtë të Islamit.

Historia e Feve Monoteiste

Shpella në malin Hira, By User Nazli - Wikipedia in english
http://en.wikipedia.org/wiki/Image:Cave_Hira.jpg, Public Domain,
https://commons.wikimedia.org/w/index.php?curid=1303925

Muhameti filloi t'ia tregonte zbulimet e Zotit familjes dhe miqve të tij. Grupi i tij i parë i ndjekësve përfshinte familjen e tij dhe miq të afërt, duke përfshirë gruan e tij Khadijah, kunatin e tij Ali, dhe shokun e tij Abu Bakr.

Por mësimet e Muhametit nuk u pranuan gjerësisht në fillim. Elita e Mekës, e cila ishte e lidhur ngushtë me kontrollin e Kabës, një qendër e adhurimit politeist, u shqetësua nga mësimet monoteiste të Muhametit dhe filloi ta persekutojë atë dhe ndjekësit e tij.

Persekutimi i Muhametit dhe ndjekësve të tij në Mekë ishte i ashpër dhe i vazhdueshëm. Elita e Mekës, e cila kishte një interes të drejtpërdrejtë në mbajtjen e status kuo-së, i shikonte mësimet e reja monoteiste si një kërcënim për strukturën e tyre të pushtetit dhe për kontrollin e tyre mbi Kabë, që ishte një vend adhurimi për idhujt e ndryshëm.

Persekutimi filloi me përpjekje për të shpërndarë ose ndaluar praktikat e reja fetare. Ai u zgjerua duke përfshirë hakmarrje fizike, bojkote ekonomike dhe ndonjëherë edhe sulme tinzare. Ndjekësve të Muhametit u ishte ndaluar të martoheshin, u privuan nga pasuria e tyre, u detyruan të braktisnin shtëpitë e tyre, si dhe ndaj tyre ushtrohej vazhdimisht dhunë.

Në disa raste, persekutimi u kthye në dhunë krejt të hapur. Ka raste të regjistruara ku ndjekësit e Muhametit janë torturuar, dhe disa prej tyre edhe janë vrarë. Pasojat e këtij persekutimi ishin shkatërruese për komunitetin e hershëm Islam. Ai shkaktoi përçarje dhe vuajtje të mëdha, por gjithashtu ndihmoi në forcimin e solidaritetit dhe vendosmërisë mes ndjekësve të Muhametit.

Muhameti në fillim shpresonte t'i bindte hebrejtë dhe të krishterët e Mekës për mësimet e tij. Ai i respektonte traditat e tyre fetare dhe i pranonte profetët e tyre si profetë të vërtetë, megjithëse ai e shpalli veten si profeti i fundit i Zotit. Kjo qasje ndonjëherë u përball me rezistencë, dhe raportet ndërmjet komunitetit Islam dhe komuniteteve të tjera fetare ishin shpeshherë të tensionuara si rezultat.

Në vitin 622, pas vitesh persekutimi, Muhameti dhe ndjekësit e tij u detyruan të largohen nga Meka dhe të shkojnë në qytetin e Medinës[27] Ky migracion, i njohur si Hijra, është një moment kyç në historinë Islame dhe shënon fillimin e kalendarit Islamik.

Gjatë kohës së tyre në Medinë, ka tregime se Muhameti dhe ndjekësit e tij shpeshherë sulmonin karavanet tregtare të qytetit të Mekës. Këto sulme thuhet se ishin pjesë e një strategjie më të gjerë për të dobësuar Mekën, që e kishte ndaluar Muhametin dhe ndjekësit e tij të kryenin ritet e tyre fetare duke i shtypur ata në shumë mënyra. Karavanet tregtare ishin një burim i rëndësishëm i të ardhurave për Mekën, dhe, duke i sulmuar ato, Muhameti dhe ndjekësit e tij shpresonin të dobësonin ekonominë e Mekës.[28]

Në fillim njerëzit e Muhametit dukej se kishin ngurruar t'i bindeshin këtyre urdhërave të Muhametit, por Allahu nuk humbiste kohë t'i vinte në "ndihmë" të Dërguarit të tij, duke i zbuluar vargje të tjera posaçërisht për këto çështje.[29]

(Kuran 2:216) "Xhihadi (luftimi) është detyrim për ju, ndonëse ju nuk e pëlqeni. Por është e mundshme që ju të mos pëlqeni diçka që është e dobishme për ju, dhe të pëlqeni diçka që ju bën dëm. Allahu e di, e ju nuk e dini."

Është e qartë se ky varg e kundërshton natyrën "paqësore" të Islamit sepse sulmi ndaj karavaneve tregtare nuk konsiderohet si vetëmbrojtje.

Edhe Aisha, gruaja e Muhametit, shpesh e qesëndiste të shoqin për këto zbulime që i vinin atij në një kohë të levërdisshme.

Aisha: "Më ngjan sikur Zoti nxitohet paksa në përmbushjen e dëshirave të tua." - Sahih Al-Bukhari 33:51

Në lidhje me besimet e tjera, mund të argumentohet se qasja e Muhametit pësoi një ndryshim pas ikjes së tij nga Meka dhe vendosjes së tij në Medinë. Në Mekë, ai ishte një i përndjekur dhe nuk kishte ndonjë pushtet politik apo ushtarak. Ai përpiqej t'i bindte njerëzit me argumente fetare dhe gjithashtu t'i bindte ndjekësit e tij të bënin durim ndaj persekutimit.

Por kur ai u vendos në Medinë, ai mori një rol të ri si një udhëheqës politik dhe ushtarak, gjë që i jepte më shumë mundësi për të vepruar ndaj kundërshtarëve të tij. Në Medinë, Muhameti u përball me një numër të madh hebrejsh dhe ka tregime se marrëdhëniet në mes tyre u tensionuan keqas. Në disa raste, ai u përball me fiset hebreje për tradhti dhe në raste të tjera përplasjet ishin të një natyre teologjike. Muhameti ndërmori beteja luftarake të përsëritshme kundër Mekës duke e fituar më në fund qytetin në vitin 630.[30]

Megjithatë, duhet theksuar se Muhameti për disa kohë të tjera në vazhdim mbajti respekt për profetët hebrej dhe të krishterë, dhe njëkohësisht Islami mësonte se hebrejtë dhe të krishterët ishin "njerëzit e librit", ose njerëz që i përknin traditave fetare të respektuara nga Islami.

Muhameti vdiq në vitin 632[31] por mësimet e tij dhe zbulimet e tij vazhdojnë të jenë themeli i Islamit, një fe që tani ka më shumë se 1.8 miliard[32] ndjekës në të gjithë botën.

Largimi nga Meka për në Medinë

Feja Helm

Pas ikjes së tij nga Meka, Muhameti u vendos në Medinë, një qytet i cili ishte i populluar kryesisht nga fise hebreje dhe arabe. Qyteti ishte në një gjendje të vazhdueshme konflikti. Në këtë kontekst, Muhameti u prit si një udhëheqës potencial që mund të ndihmonte në zgjidhjen e konflikteve. Këtu, ai bëri "Kushtetutën e Medinës"[33] një marrëveshje mes grupeve të ndryshme që përfshinte ndihmën e ndërsjellë në rast të sulmeve nga jashtë. Ky pakt, në një farë mënyre, shënoi themelimin e shtetit të parë Islamik.

Megjithatë, konflikte të rënda u shfaqën në mes Muhametit dhe disa prej fiseve hebreje të Medinës. Në disa raste, Muhameti i akuzoi disa prej këtyre komuniteteve për tradhti, duke argumentuar se ata kishin marrë anën e armiqve të tij në konfliktet me qytetet e tjera arabe. Si rezultat, disa nga këto fise u dëbuan nga Medina, ndërsa të tjerët u ekzekutuan.

Këto ngjarje janë tema të debateve të mëdha dhe të gjata mes studiuesve, të cilët diskutojnë mbi legjitimitetin e këtyre veprimeve dhe mbi kontekstin e tyre historik dhe social. Disa studiues argumentojnë se veprimet e Muhamedit ishin të justifikuara për kohëm e luftës dhe politikës së asaj kohe. Të tjerë i kritikojnë ato si shkelje e të drejtave të njeriut dhe që sot mund të konsiderohen si gjenocid.

Muhameti, tani si një lider politik dhe ushtarak, mori një qasje më aktive ndaj Mekës, duke ndërmarrë një sërë fushatash ushtarake. Këto filluan si grabitje karavanesh, një strategji e zakonshme në Arabi në atë kohë, që u ndërmorën si mjet për të dobësuar ekonominë e Mekës dhe për të forcuar atë të Medinës. Karavanet ishin pjesë thelbësore e ekonomisë së Mekës dhe përbënin një objektiv të preferuar për Muhametin dhe ndjekësit e tij.

Kjo situatë çoi në betejën e Badr në vitin 624[34] ku forcat e Muhametit, pavarësisht se ishin më të pakta në numër, fituan një fitore të rëndësishme ndaj Mekës. Kjo fitore rriti ndjeshëm reputacionin dhe ndikimin e Muhametit dhe të komunitetit Islamik.

Një konflikt tjetër i rëndësishëm ndodhi në vitin 627, në Betejën e Hendekut[35] ku ushtria e Mekës rrethoi Medinën. Muhameti ndërtoi një hendek përreth qytetit për të bllokuar sulmin, dhe pas një rrethimi të gjatë, ushtria e Mekës u tërhoq.

Në vitin 628, Muhameti dhe ndjekësit e tij u nisën për të kryer haxh, por u bllokuan nga qytetarët e Mekës[36] Kjo çoi në Traktatin e Hudaybiyyah, ku u pranua një armëpushim 10-vjeçar. Si pjesë e këtij traktati, Muhameti dhe ndjekësit e tij u lejuan të kryejnë haxh vitin e ardhshëm.

Por, në vitin 630, pas shkeljes së traktatit nga ana e Mekës[37] Muhameti marshoi me një ushtri të madhe dhe e mori qytetin pa rezistencë të madhe. Ai e shpalli Mekën një qendër të shenjtë Islamike duke e pastruar atë nga idhujt e saj.

Gjatë kësaj periudhe, Muhameti gjithashtu konsolidoi pushtetin e tij në pjesët e tjera të Arabisë, duke përhapur mësimet Islamike dhe duke bindur shumë fise arabe të pranonin Islamin.

Pas vdekjes së Muhametit, ai u pasua nga kalifët e parë, dhe Islami vazhdoi të përhapet në Lindjen e Mesme dhe më gjerë.

Kapitulli IV

Islami pas Profetit Muhamet

Përhapja e Islamit pas Vdekjes së Muhametit

Pas vdekjes së Profetit Muhamet në vitin 632, komuniteti i besimtarëve pësoi një përçarje. Disa besonin se zgjedhja e pasuesit të Muhametit duhej të ishte një çështje dhe zgjedhje demokratike dhe kjo kategori e besimtarëve u njohën si Sunitët. Në anën tjetër, disa besonin se pasuesi duhej të ishte nga linja e drejtpërdrejtë e Muhametit, dhe ndjekësit e kësaj kategorie u njohën si Shiitët. Këto dy krahë kryesorë të Islamit kanë vazhduar deri në ditët tona, dhe konfliktet ndërmjet tyre kanë ndikuar ndjeshëm në historinë e Lindjes së Mesme.

Pas vdekjes së Muhametit, kalifët e parë, të njohur si "Rashidun" ose "Të Drejtët" [38] përfshi këtu Abu Bakrin, Umarin, Uthmanin, dhe Aliun, udhëhoqën ummah (bashkësinë e besimtarëve myslimanë) dhe vazhduan të përhapin mësimet e Islamit.

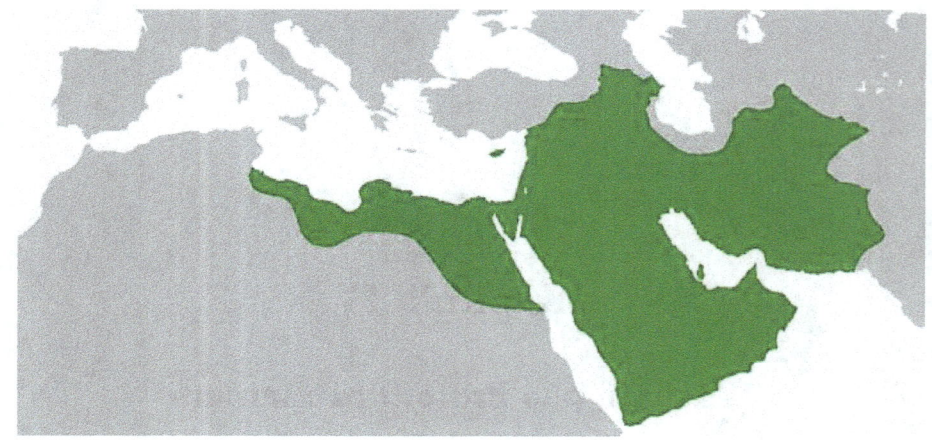

Shtrirja e Kalifatit Rashidun, by Mohammad adil at the English-language Wikipedia, CC BY-SA 3.0,
https://commons.wikimedia.org/w/index.php?curid=5031572

Në shekujt që pasuan, Islami u përhap në një territor të gjerë, nga Spanja dhe Afrika e Veriut në perëndim, përgjatë Lindjes së Mesme, dhe deri në Indi dhe Indokinë në lindje. Kjo përhapje u bë përmes një kombinimi të luftërave, tregtisë, diplomacisë dhe misionarizmit.

Megjithëse shënohet të ketë pasur tensione dhe konflikte ndërmjet myslimanëve dhe popullsive jo-myslimane në disa nga këto zona, ka pasur gjithashtu edhe periudha të respektit të ndërsjellë dhe tolerancës fetare, dhe në shumë raste, kulturat lokale dhe Islami kanë ndikuar njëra-tjetrën reciprokisht.

Në zonat ku Islami u përhap, ai pati një ndikim të madh në kulturën, shoqërinë, ekonominë dhe politikën e atyre vendeve, pavarësisht se mund të thuhet që ky ndikim nuk ishte gjithnjë për mirë. Ndërkohë që rregullat dhe parimet e Islamit implementoheshin, ato ndikuan në sistemet juridike, në formimin e institucioneve sociale dhe ekonomike, dhe në artin dhe kulturën e përgjithshme të atyre vendeve. Për shembull, në fushën e shkencës, periudha e Artë e Islamit, nga shekulli i 8-të deri në shekullin e 14-të[39] solli rritje të mëdha në matematikë, mjekësi, fizikë, dhe shumë fusha të tjera.

Periudha e Artë e Islamit është e njohur për ndjekjen dhe zhvillimin e shkencave dhe artit. Gjatë kësaj kohe, shumë filozofë, mjekë, matematikanë, dhe astronomë, si Al-Khwarizmi, Avicenna (Ibn Sina), Al-Razi, dhe Al-Farabi, sollën kontribute të mëdha për dijen e botës në fusha të ndryshme si matematika, mjekësia, astronomia, dhe filozofia.

Gjithsesi, kur flitet për shkencëtarët e Periudhës së Artë të Islamit, duhet të theksohet se disa prej tyre nuk ishin as arabë, as myslimanë. Për shembull, filozofi Avicenna (Ibn Sina) ishte persian[40] dhe shumë shkencëtarë dhe dijetarë të tjerë ishin nga e gjithë perandoria Islamike, që përfshinte vende si Spanja, Persia, India, dhe më gjerë.

Në lidhje me mënyrën e të menduarit filozofik, ka pasur një debat të gjatë dhe konflikt në mes disa grupimeve fetare dhe filozofike në perandorinë Islamike. Gjatë Periudhës së Artë, Mu'tazilitët[41] të cilët nxisnin një metodë më racionale dhe filozofike të të menduarit në Islam, kishin ndikim të madh. Por, gradualisht, ata u zvogëluan dhe u zëvendësuan nga mënyra Ash'arite[42] e të menduarit, e cila i kushtonte më shumë vëmendje dogmës dhe fesë.

Ky ndryshim gradual i mënyrës së menduarit dhe interpretimeve fetare ka pasur një ndikim të madh në zhvillimin e shkencës dhe filozofisë në Islam. Në disa raste, ky ndryshim ka çuar në ndalimin e përkthimit dhe studimit të veprave filozofike greke dhe të tjera, dhe në disa raste, ka pasur edhe persekutim të dijetarëve që ndiqnin një metodë më racionale ose filozofike të të menduarit.

Kështu, pas shekullit të 14-të, zhvillimi shkencor në perandoritë Islamike u ngadalësua ndjeshëm. Ka shumë teori për arsyet e kësaj rënieje, të cilat përfshijnë tensione sociale dhe politike, pushtimet e huaja (si p.sh. ato mongole si dhe kryqëzatat), dhe ndryshime në qëndrimet fetare dhe filozofike që e bënë më pak të favorshëm hulumtimin dhe interpretimin shkencor. Ka edhe teori që sugjerojnë se zbatimi i rreptë i interpretimeve dogmatike të fesë mund të ketë luajtur një rol në ndrydhjen e hulumtimit dhe zhvillimit shkencor.[43]

Rrymat Kryesore të Islamit

Dy rryma kryesore janë krijuar në Islam që nga viti 632 të e.s., kur vdiq Profeti Muhamet, rryma të cilat janë Sunitet dhe Shiitët. Ndërkohë që sot ka rreth 1.8 miliardë myslimanë në botë, rreth 85-90% e tyre janë sunitë, ndërsa 10-15% të tjerët janë shiitë.[44]

Ndryshimet në mes të këtyre dy rrymave janë kryesisht të natyrës politike dhe teologjike, të cilat e kanë zanafillën tek pyetja se kush duhet të jetë kalifi, ose pasuesi i Profetit Muhamet pas vdekjes së tij.

Sunitët
Emri "sunit" vjen nga fjala "sunnah", e cila do të thotë "rruga" ose "tradita". Sunitët besojnë se pasardhësi i Profetit Muhamet duhet të zgjidhej nga ummah, ose komuniteti i myslimanëve. Sipas tyre, kalifi duhet të jetë një lider politik dhe fetar, por nuk ka statusin e një profeti. Çfarëdo që është në përputhje me Kuranin dhe Sunnat e Profetit (rruga e tij e jetës) është e pranueshme.

Shiitët
Emri "shiitë" vjen nga "Shi'a Ali", e cila do të thotë "partia e Aliut". Shiitët besojnë se pasardhësi i Profetit duhet të ishte nga familja e tij dhe Ali, vëllai i Profetit, duhet të ishte pasuesi i parë. Shiitët e vlerësojnë shumë familjen e Profetit dhe përfshijnë më shumë rituale dhe festa në praktikat e tyre fetare.

Ndarja midis këtyre dy rrymave çoi në disa konflikte të rëndësishme politike si dhe luftëra, përfshi Luftën e Devesë (656 të e.s.)[45] dhe Betejën e Karbala (680 të e.s.)[46] ku Huseni, nip i Profetit Muhamet dhe djalë i Aliut, u vra. Këto ngjarje kanë pasur një ndikim të thellë në historinë dhe teologjinë e shiitëve.

Konfliktet në mes të sunitëve dhe shiitëve vazhdojnë edhe sot, shpeshherë të shoqëruara me tensione politike dhe etnike. Në disa vende, si Iraku dhe Siria, këto ndarje kanë çuar në konflikte të rënda.

Ndonëse ndarja midis sunitëve dhe shiitëve është më e njohura, ka edhe lëvizje të tjera brenda Islamit, si sufizmi, salafizmi dhe vëllazëria Ahmadiyya, të cilat ofrojnë interpretime dhe praktika të ndryshme të fesë Islame.

Feja Helm

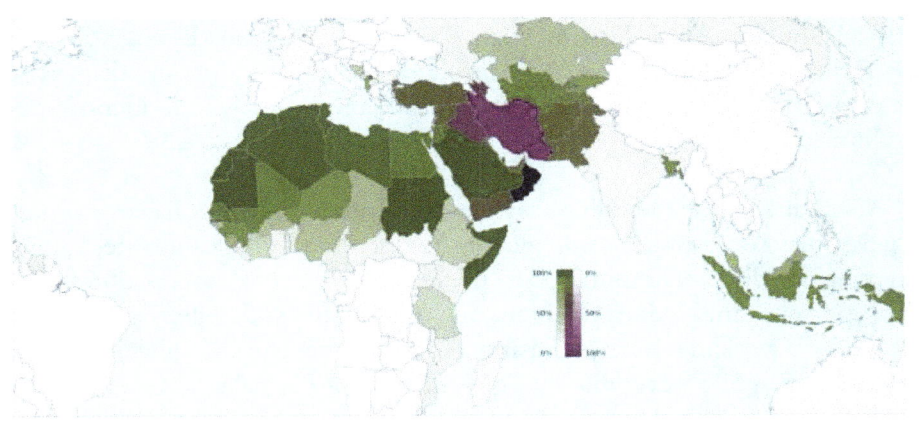

Shtrirja e Sunni (gjelbër) dhe Shiia (lejla), CC BY-SA 3.0,
https://commons.wikimedia.org/w/index.php?curid=228250

Sufizmi[47]

Sufizmi është një rrjedhë mistike dhe spirituale e Islamit, e cila thekson dashurinë dhe përjetimin e hyjnive. Sufistët besojnë në thellimin e lidhjes së tyre me Zotin përmes meditimit dhe ritualeve si dhikri (përsëritja e emrave ose frazave të shenjta). Sufistët janë të njohur për poezinë dhe muzikën e tyre, duke përfshirë poezi të famshme persiane dhe urdu nga poetë si Rumi dhe Hafiz. Sufizmi haset në të dy rrymat e Islamit, Sunni dhe Shi'a, dhe ka ndikuar ndjeshëm kulturat e shumë vendeve myslimane. Por në të njëjtën kohë, praktikat dhe besimet e Sufizmit ndonjëherë kanë çuar në tensione me myslimanët më literalistë ose dogmatikë.

Salafizmi[48]

Salafizmi është një lëvizje reformuese në Islam, e cila u përhap gjatë shekullit të 18-të dhe u forcua gjatë shekullit të 20-të. Salafistët besojnë se duhet të kthehen tek praktikat dhe interpretimet e hershme të Islamit, duke iu referuar "salaf as-salih", ose "paraprijësve të mirë", një term i përdorur për të përshkruar gjeneratat e para të myslimanëve. Ata janë kundër interpretimeve "moderne" ose "perëndimore" të Islamit dhe shpesh janë literalistë në interpretimin e Kur'anit dhe Haditheve. Kjo i ka çuar në konflikte me sufistët dhe shiitët, dhe madje edhe me disa sunitë.

Ahmadiyya[49]

Vëllazëria Ahmadiyya u themelua në Indinë e fund shekullit të 19-të nga Mirza Ghulam Ahmad, i cili pretendonte të ishte Mahdi i pritur dhe Mesia. Ahmadiyyatët besojnë se Jezusi ka vdekur dhe është varrosur në Indi, dhe që

Mirza Ghulam Ahmad ishte përfaqësuesi i tij.[50] Ahmadiyyatët kanë pasur marrëdhënie të tensionuara me myslimanët e tjerë, dhe në disa vende si Pakistani, janë diskriminuar ndjeshëm dhe janë të ndaluar të identifikohen si myslimanë.

Marrëdhëniet në mes këtyre lëvizjeve dhe rrymave kanë variuar shumë, duke u varur nga konteksti historik, gjeografik dhe politik. Në disa raste, kanë pasur ndërveprim dhe shkëmbim idesh, ndërsa në të tjerat kanë ndodhur konflikte dhe persekutime. Marrëdhëniet në mes vetë sufistëve, salafistëve dhe Ahmadiyya-ve kanë qenë gjithashtu të larmishme, me disa lëvizje që janë më tolerante ndaj të tjerëve, dhe disa që janë më konfliktuale.

Hadithet në Islam: Historia, Rëndësia dhe Interpretimi

Hadithet janë narrativat që përshkruajnë jetën dhe mësimet e Profetit Muhamet. Ata janë një burim i rëndësishëm i ligjit dhe teologjisë Islame, të dytët vetëm pas Kuranit. Hadithet janë të rëndësishme në Islam sepse ato sjellin mësimet e Kuranit në kontekstin e jetës së përditshme dhe japin udhëzime mbi çështje specifike që nuk janë të sqaruara në Kuran.

Hadithet janë transmetuar nga brezi në brez përmes gojëdhënave dhe më vonë me shkrim, dhe janë regjistruar nga dijetarë të ndryshëm të Islamit që i quajnë ato "transmetuesë". Disa hadithe janë pranuar gjerësisht nga të gjithë Myslimanët, ndërsa disa të tjera janë kontestuar dhe debatuar.

Një nga koleksionet më të rëndësishme të haditheve është ai i imamit Al-Bukhari[51] një dijetar mysliman i shekullit të 9-të. Koleksioni i tij, i quajtur "Sahih Al-Bukhari", konsiderohet ndër koleksionet më të besueshme të haditheve dhe është një referencë kryesore për ligjin dhe teologjinë Islamike.

Feja Helm

Mauzeloumi i Al-Bukharit, by Alaexis - Own work, CC BY-SA 3.0, https://commons.wikimedia.org/w/index.php?curid=3831173

Al-Bukhari pati një proces të hollësishëm për të verifikuar autenticitetin e haditheve. Ai intervistoi mijëra transmetuesë, krahasoi versionet e ndryshme të të njëjtit hadith, dhe regjistroi vetëm ato hadithe që përmbushnin standardet e tij të larta për autenticitet.

Përmbajtja e hadithëve është e gjerë dhe e larmishme. Disa hadithe përshkruajnë ngjarje historike ose mësime teologjike. Të tjerat japin udhëzime etike ose ligjore. Disa hadithe janë mësimet e Profetit për çështje specifike, ndërsa të tjerat janë përshkrime të sjelljeve dhe veprimeve të tij.

Përdorimi i hadithëve sot varet nga konteksti dhe interpretimi. Në disa komunitete Myslimane, hadithet janë një pjesë e rëndësishme e praktikave të përditshme fetare. Ata janë përdorur si udhëzime për çështje të tilla si falja, agjërimi, dhe zeqati (dhurimet). Në kontekste të tjera, hadithet janë përdorur si burim për të interpretuar dhe aplikuar ligjin Islamik në çështje të reja dhe komplekse.

Sipas besimit Islamik, Profetit Muhamet jo vetëm që iu shpall përmbajtja e Kuranit nga engjëlli Xhibrail, por ai ishte edhe modeli më i mirë i zbatimit të udhëzimeve të Kuranit në jetën e përditshme. Hadithet, që janë narrativat e jetës së Profetit, shërbejnë për të treguar si Profeti Muhamet e interpretonte dhe e zbatonte fjalën e Allahut.

Në teologjinë Islamike, Profeti Muhamet konsiderohet si "vula" ose përfundimi i profecisë, i cili u dërgua nga Allahu për të sjellë përmbajtjen përfundimtare të fjaës së tij nëpërmjet fesë Islame. Ai besohej të kishte autoritet të veçantë për të interpretuar Kuranin sepse ai ishte njeriu që kishte pranuar zbulimet e drejtpërdrejta nga Allahu.

Hadithet janë përdorur shpeshherë për të plotësuar ose sqaruar mësimet e Kuranit. Për shembull, ndonëse Kurani jep udhëzime të përgjithshme për ritet si namazi ose agjërimi, shumë detaje janë përcaktuar nga praktikat e Profetit Muhamet siç transmetohen në hadithe.

Kjo nuk do të thotë se interpretimi i haditheve është i thjeshtë ose i pakontestueshëm. Ka pasur debate të mëdha brenda komunitetit mysliman rreth autenticitetit, interpretimit dhe zbatimit të haditheve specifike. Për shembull, ndërsa dijetarët si Al-Bukhari punuan për të koleksionuar dhe verifikuar hadithet, disa myslimanë literalistë siç janë Kuranistët e mohojnë rëndësinë e tyre dhe argumentojnë që vetëm Kurani duhet të jetë burimi i ligjit dhe mësimeve Islamike.

Kjo është një çështje që ka shkaktuar debate të mëdha në teologjinë Islamike dhe më gjerë. Përgjithësisht, myslimanët besojnë se Profeti Muhamet, siç sugjerojnë hadithet, ishte më i përshtatshëm për të interpretuar udhëzimet e Kuranit, jo vetëm sepse iu zbuluan ato, por edhe sepse ai kishte një lidhje të veçantë dhe të drejtpërdrejtë me Allahun.

Në të njëjtën kohë, është e vërtetë që një tekst i rëndësishëm si Kurani, që është interpretuar nga miliona njerëz gjatë shekujve, do të krijojë interpretime të ndryshme. Kjo është një arsye pse ka kaq shumë "madh'hebe" apo shkolla të mendimit juridik Islamik, si Hanafi, Maliki, Shafi'i dhe Hanbali. Secila prej tyre ka një mënyrë të veçantë të interpretimit dhe zbatimit të Kuranit dhe haditheve.

Interpretimi i teksteve fetare, siç është Kurani, është një proces kompleks dhe i ndërlikuar, dhe kjo vlen edhe për interpretimin e tyre nga Profeti Muhamet. Për shumë myslimanë, profeti Muhamet konsiderohet si "uswa hasana" ose modeli më i mirë i sjelljes për të ndjekur, jo vetëm për shkak të rolit të tij si marrësi i zbulimeve të Kuranit, por edhe për shkak të jetës së tij dhe veprimeve të tij, të cilat janë regjistruar në hadithe.

Llogjika Islamike në këtë çështje shpesh përqendrohet tek ideja që profeti Muhamet, si përcjellësi i zbulimeve të Kuranit, ishte në një pozicion të veçantë për t'i interpretuar dhe zbatuar këto udhëzime. Muhameti ishte në komunikim të vazhdueshëm me Allahun përmes shpalljeve të Kuranit, dhe kjo mund të ketë sjellë një nivel të lartë të ndjenjës dhe kuptimit të udhëzimeve të Allahut.

Megjithatë, kjo nuk do të thotë që interpretimi i Muhametit është gjithnjë i pakontestueshëm. Siç u tha më sipër, ka shumë shkolla të ndryshme të mendimit Islamik, të cilat kanë qasje të ndryshme ndaj interpretimit të Kuranit dhe haditheve. Kjo përfshin edhe pyetjen nëse Profeti Muhamet ishte modeli absolut ose i pakontestueshëm i interpretimit të Kuranit. Në të vërtetë, një pjesë e madhe e studimeve Islamike ka të bëjë me interpretimin dhe ndërveprimin e teksteve të shenjta, duke përfshirë mësimet e Profetit Muhamet.

Por ka edhe shumë studiues myslimanë që i kanë kritikuar dhe debatuar interpretimet e Profetit Muhamet dhe kanë ofruar interpretime alternative. Kjo është një pjesë e rëndësishme e dinamikës dhe zhvillimit të mendimit Islamik.

Jeta dhe veprat e Profetit Muhamet janë një burim i madh debati kontroversial, sidomos kur vlerësohen nëpërmjet optikës së normave dhe vlerave moderne. Për shembull, disa kritikë kanë vënë në dyshim marrëdhëniet e tij me gratë, apo në lidhje me martesën e tij me Aishen që ishte e mitur në atë kohë.

Një tjetër çështje e kritikuar është edhe lufta dhe ushtrimi i dhunës. Në kohën e Profetit Muhamet, lufta ishte një pjesë e jetës së përditshme dhe Muhameti ishte një udhëheqës si ushtarak ashtu dhe fetar. Në këtë kontekst, disa kritikë kanë hedhur dyshime rreth aspekteve të dhunshme të jetës dhe mësimeve të tij.

Skllavëria në kohën e Profetit Muhamet dhe në shoqëritë Islame të hershme është një temë tjetër që ka sjellë debate dhe kritika. Skllavëria ishte një praktikë e zakonshme në shoqëritë e asaj kohe, dhe Islami nuk e ndaloi këtë praktikë. Megjithatë, është e drejtë të thuhet se Islami e trajtoi këtë çështje në mënyrë të ndryshme nga traditat e tjera të asaj kohe.

Shumë myslimanë mendojnë se është e gabuar të gjykohet Muhameti (ose çdo figurë historike tjetër) vetëm nëpërmjet vlerave dhe normave moderne. Për më tepër, shumë myslimanë besojnë se veprat dhe mësimet e Profetit Muhamet duhet të kuptohen në kontekstin e kohës së tij.

Por nqs do kemi parasysh se shkrimet në Kuran besohen të jenë fjala perfekte dhe e pandryshueshme e Allahut, atëherë sigurisht që na takon të kemi pritshmërinë që traditat dhe normat e shprehura në atë libër duhet të jenë të tilla që t'i rezistojnë kohës.

Kjo është një çështje që ndeshet shpesh në studimin e feve dhe teologjisë: si të interpretojmë dhe aplikojmë tekstet fetare në kontekstin modern. Në të gjitha fetë e mëdha, ka një tension të vazhdueshëm në mes të interpretimit literal dhe interpretimit kontekstual ose historik të teksteve fetare.

Në Islam ka debate të mëdha rreth kësaj çështje. Disa myslimanë, të quajtur literalistë ose fundamentalistë, mendojnë se Kurani dhe Hadithet duhet të interpretohen saktësisht siç janë shkruar, pa marë parasysh ndryshimet në shoqëri ose kulturë që kanë ndodhur që nga koha e Profetit Muhamet. Sipas kësaj qasjeje, nëse Kurani ose Hadithet nuk e ndalojnë skllavërinë specifikisht, atëherë nuk ka arsye të besohet se ajo është e ndaluar në Islam.

Por ka edhe myslimanë të tjerë, të quajtur reformistë ose progresistë, që mendojnë se Kurani dhe Hadithet duhet të interpretohen në kontekstin e tyre historik dhe social, dhe se ato duhet të aplikohen në një mënyrë fleksibël në kontekstin modern. Sipas kësaj qasjeje, nëse Kurani dhe Hadithet e përshkruajnë skllavërinë si një praktikë të pranueshme, kjo nuk do të thotë se ajo është e pranueshme sot, kur shoqëria ka ndryshuar dhe ne kemi një kuptim më të mirë të të drejtave të njeriut.

Këtu del qartë natyra njerëzore e feve, përfshi atë Islame, që nuk ishin veçse sisteme politike të kohës kur u krijuan me qëllim për të drejtuar popujt nën ndikimin e tyre dhe që thjeshtë nuk janë më funksionale në kohët moderne po të interpretohen në format e tyre të hershme. Pra, nqs nuk janë të frymëzuara nga një zot a një tjetër siç pretendojnë tekstet fetare, pse duhet t'i ndjekim këto besime sot? Edhe nqs do pranojmë që këta libra të drejtojnë jetët tona, një problem tjetër që del këtu është se kush duhet ta bëjë interpretimin? Nqs do ta lemë në dorën e njerëzve siç kemi bërë deri më sot, suksesi i kësaj metode deri më sot ka qenë i qartë.

Kapitulli V

Ekspansioni Islamik

Konfliktet ndërmjet forcave Islame dhe popujve jo-Islamikë gjatë Mesjetës përfshijnë një gamë të gjerë të përplasjeve. Më poshtë janë renditur disa nga më të rëndësishmit:

Ekspansioni i Hershëm i Islamit (Shekulli i 7-të dhe i 8-të)

Pas vdekjes së Profetit Muhamet, Perandoria Islamike e krijuar nga kalifët e parë u zgjerua në mënyrë dramatike. Sipas burimeve historike, ky zgjerim ishte shpesh i shoqëruar me beteja dhe luftëra, ku popullsia vendase, të cilët ishin kryesisht të krishterë, hebrej, zoroastrianë dhe hinduistë, u nënshtruan.

Ekspansioni i hershëm i Islamit, i njohur edhe si Fitna, filloi pas vdekjes së Profetit Muhamet në vitin 632 dhe vazhdoi deri në fillim të shekullit të tetë. Kjo periudhë karakterizohet nga sulmet e shpeshta të kalifatit Islamik mbi perandoritë dhe principatat fqinje. Në vazhdim janë dhënë disa nga ngjarjet më të rëndësishme:

Betejat e Fitna (632-661)

Betejat e Fitna, të njohura gjithashtu si Fitnat e Mëdha, janë një seri konfliktesh të brendshme politike dhe fetare që ndodhën në komunitetin islamik pas vdekjes së profetit Muhamet në vitin 632.

Kjo periudhë karakterizohet nga konfliktet për pushtet dhe kontroll mbi Ummah (komuniteti islamik). Ndërkohë që disa nga këto beteja ishin konflikte të thjeshta për pushtet, të tjerat mbanin një natyrë më fetare dhe ideologjike. Betejat e Fitna përfshijnë Betejën e Kamelit, Betejën e Siffin, Betejën e Nahrawan, si dhe përpjekjet e ndryshme për hakmarrje dhe fitore të njërit grup a një tjetri.

Në vazhdën e Betejave të Fitna, pati tri Fitna të ndryshme:

Fitna e Parë[52] (656–661): Ky konflikt plasi në kalifatin e Ali ibn Abi Talib dhe përfshiu Betejën e Devesë dhe Betejën e Siffin. Pas vdekjes së Aliut, shteti i tij u shpërbë dhe nisi kalifati i Umayyadëve.

Fitna e Dytë[53] (680–692) ndodhi gjatë periudhës së sundimit të Umayyadëve, kur pati një seri rebelimesh kundër tyre. Rebelimi më i njohur ishte ai i Hussein ibn Ali, nipit të profetit Muhamet, në Betejën e Karbalës. Megjithatë, Fitna e Dytë përfshiu edhe rebelime të tjera në perandorinë islame, duke përfshirë rebelimin e Abdallah ibn al-Zubayr në Hijaz dhe rebelimin e Mukhtar al-Thaqafi në Kufa. Fitna e Dytë përfundoi me stabilizimin e sundimit të Umayyadëve.

Fitna e Tretë[54] (744–750) ishte një periudhë e konfliktit dhe kaosit në Perandorinë e Umayyadëve, e cila çoi në përmbysjen e dinastisë së Umayyadëve dhe ngritjen e kalifatit Abbasid. Rebelimet gjatë Fitnas së Tretë filluan si rezultat i pakënaqësive ndaj sundimit të Umayyadëve dhe u përhapën në të gjithë perandorinë.

Këto konflikte kanë ndikuar thellësisht në historinë dhe zhvillimin e Islamit, duke përfshirë përçarjen e ndjekësve të tij në dy sekte kryesore: Sunni dhe Shia. Sunni dhe Shia kanë interpretime të ndryshme për ngjarjet e Betejave të Fitna dhe për personazhet që luajtën rolin kryesor gjatë atyre konflikteve. Konflikti ndërmjet këtyre dy sekteve ka qenë një element kyç në historinë e Islamit dhe vazhdon të ndikojë në politikën e Lindjes së Mesme edhe sot.

Fushata e Levantit (634–644)

Fushata e Levantit (634–644) ishte një periudhë e Luftës Arabo-Bizantine, ku forcat e Perandorisë Arabe Rashidun përfundimisht mposhtën Perandorinë Bizantine në Levant[55] e cila sot përfshin shtete si Siria, Libani, Jordania, Izraeli dhe Palestina.

Kjo fushatë filloi pas vdekjes së profetit Muhamet në vitin 632, kur Kalifati Rashidun filloi ekspansionin e tij gjeografik. Fushata e Levantit u udhëhoq nga gjenerali arab Khalid ibn al-Walid, i cili u bë i njohur për aftësitë e tij strategjike dhe taktike.

Gjatë fushatës, forcat Rashidune arritën suksese të mëdha në betejat e Yarmoukut (636) dhe Qadisiyyah (637). Beteja e Yarmoukut, në veçanti, ishte e rëndësishme, pasi përcaktoi fatin e Levantit. Në këtë betejë, forcat arabe të Rashidunit mposhtën një ushtri bizantine shumë më të madhe dhe siguruan kontrollin e tyre në rajon.

Pas fitores në Yarmouk, forcat e Rashidunit morën kontrollin mbi Damaskun, qendrën administrative të provincave bizantine të Levantit. Ata vazhduan më tej me pushtimin e Hierapolis, Emesa, dhe Antiokia. Pas vitit 641, i gjithë Levanti ishte nën kontrollin arab.

Kjo fushatë ishte e rëndësishme për disa arsye. Së pari, ajo zgjeronte Perandorinë Arabe dhe i jepte asaj dalje në detin Mesdhe dhe në resurset e pasura të rajonit. Së dyti, ajo përfundoi kontrollin e Bizantinëve mbi Levantin, një humbje e rëndë për Perandorinë Bizantine. Së treti, ajo krijoi themelet për formimin e Islamit si një fuqi botërore, pasi Levanti u bë një qendër e rëndësishme për kulturën dhe fenë islame.

Fushata e Egjiptit (639–642)

Forcat Islame sulmuan dhe pushtuan Egjiptin, i cili në atë kohë ishte pjesë e Perandorisë Bizantine. Pushtimi i Egjiptit i dha Islamit kontrollin mbi një nga zonat më të pasura dhe më të populluara të asaj kohe.

Kjo fushatë filloi në vitin 639, kur gjenerali arab Amr ibn al-As u dërgua nga Kalifi Umar me një ushtri prej rreth 4,000 luftëtarësh për të pushtuar Egjiptin.

Kjo ushtri ishte relativisht e vogël krahasuar me forcat bizantine që mbronin Egjiptin, por luftëtarët arabë ishin shumë të aftë dhe të motivuar.

Një nga betejat më të mëdha të kësaj fushate ishte Beteja e Heliopolisit[56] që u zhvillua në vitin 640. Në këtë betejë, forcat e Amr ibn al-As mposhtën ushtrinë bizantine dhe morën kontrollin mbi Heliopolisin, një qytet kyç pranë Kajros.

Pas fitores në Heliopolis, forcat arabe vazhduan me rrethimin e Kajros, kryeqytetit të Egjiptit. Mbrojtësit e Kajros më në fund u dorëzuan në vitin 641 pas një rrethimi të gjatë dhe të vështirë. Pas pushtimit të Kajros, forcat arabe vazhduan me pushtimin e pjesëve të tjera të Egjiptit, dhe deri në vitin 642, i gjithë vendi ishte nën kontrollin e tyre.[57]

Pushtimi i Egjiptit nga forcat arabe çoi në një ndryshim të rëndësishëm të marrëdhënieve politike dhe kulturore në rajon. Pas dorëzimit të Kajros, Egjipti u bë një provincë e rëndësishme e Perandorisë Arabe dhe një qendër e rëndësishme e civilizimit islamik. Kjo e shndërroi Kajron në një nga qytetet më të mëdha dhe më të pasura të Islamit, dhe ndihmoi në shpërndarjen e Islamit në rajone të tjera të Afrikës.

Invazionet në Persi (633–651)

Invazionet në Persi që ndodhën gjatë viteve 633-651[58] ishin një pjesë e zgjerimit të hershëm islamo-arab dhe përfunduan me rrëzimin e Perandorisë Sassanide, një nga perandoritë më të mëdha dhe më të fuqishme të Lindjes së Mesme. Kjo fushatë u karakterizua nga beteja të mëdha, ndryshime të rëndësishme politike dhe kulturore, dhe zgjerimin e mëtejshëm të perandorisë islame.

Më 633, forcat e kalifatit Rashidun nën udhëheqjen e Khalid ibn al-Walid filluan invazionin e territorit sassanid. Khalid ishte një strateg ushtarak i talentuar dhe arriti të mposhtte forcat sassanide në disa beteja të rëndësishme, përfshi betejat e Qadisiyyah dhe Nehavend. Këto fitore u mundësuan pjesërisht nga konfliktet e brendshme dhe kaosi politik në Perandorinë Sassanide, e cila kishte kaluar nëpër një periudhë të gjatë trazirash dhe ndryshimesh në fron.

Një fitore e rëndësishme ndodhi në Betejën e Qadisiyyah në vitin 636[59] ku forcat e kalifatit Rashidun mposhtën një ushtri të madhe sassanide. Kjo betejë shënoi një kthesë në fushatën dhe çoi në pushtimin e gradual të Mesopotamisë.

Në vitin 641, pas Betejës së Nehavend, e njohur si "Beteja e Kthesës", kontrolli arab mbi territorin e Sassanidëve u sigurua. Perandori sassanid Yazdegerd III u arratis nga kryeqyteti të cilin e kishte zhvendosur në Merv, dhe përfundimisht u vra në 651, duke shënuar fundin e Perandorisë Sassanide.

Përhapja e Islamit në Persi solli ndryshime të rëndësishme kulturore dhe fetare. Gjuha dhe kultura persiane mbetën të rëndësishme, por Islamit iu dha një rol dominant në shoqëri. Ndërsa persianët e adoptuan Islamin, ata gjithashtu ndikuan në zhvillimin e tij, përfshi këtu krijimin në vend të sekteve të rëndësishme si shiizmi.

Zgjerimi në Afrikën Veriore (647–709)

Zgjerimi i perandorisë islamike në Afrikën Veriore gjatë viteve 647-709[60] ishte një tjetër periudhë e rëndësishme e historisë së Lindjes së Mesme dhe Afrikës. Ky zgjerim çoi në shkatërrimin e provincave të fundit bizantine në Afrikën Veriore dhe shtrirjen e islamit në këto rajone.

Në vitin 647, një ushtri e kalifatit Rashidun nën udhëheqjen e Abdallah ibn Sa'ad sulmoi provincën bizantine të Afrikës, e cila përfshinte pjesë të sotme të Tunizisë dhe Libisë. Përgjatë kësaj fushate, arabët korrën fitore të mëdha, duke përfshirë pushtimin e qytetit të Byllisit dhe arritën deri te qyteti i Kartagjenës, i cili u rrethua por nuk u pushtua.

Pas kësaj fushate fillestare, ushtria arabe u tërhoq, por sulmet vazhduan për disa vite. Në vitin 670, arabët themeluan qytetin e Kairuanit në Tunizinë e sotme[61] i cili shërbeu si bazë për sulmet e mëtejshme.

Perandoria Bizantine bëri disa here përpjekje për të rimarrë kontrolin mbi provincat e saj, por përpjekjet e saj dështuan në përballjet me ushtritë e fuqishme islamike.

Në vitin 698, arabët arritën një fitore vendimtare kur pushtuan Kartagjenën[62] kryeqytetin e provincës bizantine të Afrikës, e cila çoi në rrëzimin e kontrollit bizantin mbi Afrikën Veriore.

Pas kësaj, zgjerimi islamo-arab në Afrikën Veriore vazhdoi në rajone të tilla si Maroku dhe madje edhe Spanja. Në vitin 709, Ceuta, një nga bastionet e fundit bizantine në Afrikën Veriore, ra në duart e arabëve, duke konsoliduar kështu zgjerimin islamik në Afrikën Veriore.

Ky zgjerim ishte i rëndësishëm jo vetëm për historinë politike dhe ushtarake të rajonit, por edhe për përhapjen akoma më të mëtejshme të islamit. Shumica e banorëve të Afrikës Veriore gradualisht e pranoi Islamin dhe gjuhën arabe, duke formuar baza të forta kulturore dhe fetare që kanë ndikuar në historinë dhe identitetin e rajonit deri sot.

Fushatat në brigjet e Azisë së Vogël

Rrethimi i parë i Konstantinopojës (674-678)

Pas disa sukseseve fillestare në anën aziatike të Detit të Zi, flota e perandorisë Umayyad, nën udhëheqjen e kalifit Muawiyah I, u nis për të rrethuar Konstantinopojën[63] Ajo që e bëri këtë rrethim të veçantë ishte se kjo ishte hera e parë që një ushtri Islamike përdori mënyrën e një rrethimi të vazhdueshëm duke përdorur anijet e tyre si kamp baze gjatë dimrit. Në përgjithësi, rrethimi zgjati 4 vite (disa historianë e mendojnë se rrethimi zgjati disa javë ose edhe muaj, jo vite, megjithëse kjo është e vështirë të konfirmohet), por dështoi për shkak të disa faktorëve, përfshi përdorimin e suksesshëm të "zjarrit grek"[64] nga bizantinët - një armë e fuqishme që u shkaktoi dëme të mëdha anijeve arabe.

Vizatim i "zjarrit grek", by Unknown author - Codex Skylitzes Matritensis, Bibliteca Nacional de Madrid, Vitr. 26-2, Bild-Nr. 77, f 34 v. b. (taken from Pászthory, p. 31), Public Domain, https://commons.wikimedia.org/w/index.php?curid=302463

Gjatë Rrethimit të parë të Konstantinopojës (674–678), forcat Umayyade qëndruan në kontinentin e Azisë gjatë dimrit dhe shfrytëzuan verën për të sulmuar nga deti.[65] Megjithatë, përpjekjet e tyre për të marrë qytetin dështuan për shkak të dy faktorëve të rëndësishëm.

Së pari, Konstantinopoja ishte e mbrojtur mirë e me mure të forta dhe kishte një pozicion strategjik që e bënte të vështirë për t'u pushtuar. Së dyti, bizantinët përdorën një armë të re të quajtur "zjarri grek", një lloj flakëhedhësje që lëshontë një përbërës shpërthyes me një efekt që të digjte edhe nën ujë. Kjo armë ishte shumë efektive kundër anijeve Umayyade në mbrojtje të mureve të qytetit.

Pas disa vite sulmesh të dështuara, Umayyadët u tërhoqën në vitin 678, duke lënë pas Konstantinopolin të paprekur. Rrethimi i dështuar ndikoi në marrëdhëniet midis të dy perandorive dhe çoi në një traktat paqeje që zgjati disa dekada. Kjo ishte hera e parë që Umayyadët patën dështuar në një përpjekje të madhe për zgjerim, dështim i cili është konsideruar si një moment kyç në historinë e perandorisë.

Rrethimi i dytë i Konstantinopojës (717-718)

Rrethimi i dytë i Konstantinopojës (717-718)[66] ishte një nga përplasjet më të rëndësishme në mes Perandorisë Umayyade dhe asaj Bizantine. Ky sulm ishte edhe më i madh se rrethimi i parë, me forcat Umayyade që kapnin 120,000 luftëtarë dhe 1,800 anije. Por, megjithatë, edhe kjo përpjekje dështoi.

I financuar nga pasuria e perandorisë Umayyad dhe i drejtuar nga Sulayman ibn Abd al-Malik, rrethimi filloi në vitin 717 dhe zgjati për më shumë se një vit. Konstantinopoja, me pozicionin e saj strategjik dhe fortifikimet e mëdha, ishte një synim i madh dhe njëkohësisht edhe një sfidë e madhe për Umayyadët të cilëve iu desh të përballeshin me një numër sfidash gjatë rrethimit.

Së pari, ata u përballën me rezistencën e fortë bizantine, të cilët përdorën sërish zjarrin grek, një armë efektive në sulmet detare që dha një ndihmë të madhe për bizantinët në mbrojtjen e mureve të qytetit.

Së dyti, Umayyadët u përballën me ndihmën e papritur të Konstantinopojës nga Bullgaria, një aleate e bizantinëve. Forcat bullgare sulmuan ushtritë tokësore të rrethimit, duke shkaktuar humbje të mëdha në radhët e tyre.[67]

Por sfidat nuk përfunduan këtu. Gjatë dimrit të vitit 717-718, Umayyadët u përballën me një dimër të ashpër, i cili shkaktoi mungesë të theksuar ushqimi dhe sëmundje të rënda në trupat e tyre.[68] Këto sfida së bashku çuan në dështimin e rrethimit dhe në tërheqjen e Umayyadëve në vitin 718.

Rrethimi i dytë i Konstantinopojës la pas një numër të madh viktimash civile dhe një shkatërrim të madh në infrastrukturën e qytetit. Mungesa e ushqimit dhe sëmundjet e shkaktuara nga bllokada e gjatë çuan në humbje të mëdha në numrin e popullsisë civile. Ndërtesat civile dhe fetare u dëmtuan rëndë nga sulmet dhe përplasjet, së bashku me muret e forta të qytetit. Por, me gjithë vështirësitë e rrethimit, ai përfundimisht dështoi dhe kështu Konstantinopoja mbeti e paprekur nga sulmet e Umayyadëve. Ky dështim i vuri kufi ekspansionit të perandorisë Umayyade dhe la pas një efekt të thellë në moralin dhe dinamikën e saj të mëtejshme.

Muret treshe të Konstantinopojës, by en:User:Bigdaddy1204 - Photograph taken in June 2006 in Istanbul by en:User:Bigdaddy1204. All credits go to him., CC BY-SA 3.0, https://commons.wikimedia.org/w/index.php?curid=880970

Fushatat e Hershme në Indi (664–712)

Sulmet e para islamo-arabe në Indi që filluan rreth vitit 664 dhe zgjatën deri në vitin 712 ishin pjesë e zgjerimit të madh të perandorisë islamike gjatë shekullit të shtatë dhe të tetë. Këto sulme filluan pas pushtimit të Persisë dhe fillimit të zgjerimit në Azinë e Jugut.

Në vitin 664, Umar ibn al-Khattab, i cili ishte kalifi i dytë i kalifatit Rashidun, dërgoi një ekspeditë të vogël për të kryer sulme në Sindh[69] që është pjesa në mes Indisë së sotme dhe Pakistanit. Këto sulme fillimisht ishin të vogla dhe nuk rezultuan në ndonjë pushtim të madh ose zgjerim territorial.

Por situata ndryshoi në vitin 711, kur kalifi al-Walid I dërgoi një ekspeditë më të madhe nën udhëheqjen e një komandanti të ri, Muhammad bin Qasim. Bin Qasim ishte një komandant i talentuar dhe i mprehtë që arriti të merrte kontrollin mbi shumë qytete të rëndësishme të Sindhut, duke përfshirë Debal dhe Aror.

Në vitin 712, Bin Qasim pushtoi qytetin e rëndësishëm të Multanit[70] duke shënuar fundin e kësaj fushate. Këto sulme çuan në themelimin e provincës islame të Sindhut dhe shtrirjen e influencës islame në Indinë Veri-Perëndimore.

Përhapja e islamit në Indi ndodhi gradualisht dhe nuk u imponua menjëherë pas pushtimit. Në fakt, Bin Qasim dhe sundimtarët islamo-arabë që erdhën pas tij u përpoqën të sigurojnë bashkëpunimin e popullsisë vendase duke i lejuar të praktikonin fenë e tyre dhe duke i mbrojtur nga persekutimet. Kjo, në kombinim me ndikimin e tregtarëve dhe sufistëve islamo-arabë, çoi në konvertimin gradual të disa pjesëve të popullsisë në fenë islame.

Megjithatë, gjatë këtyre sulmeve ndodhën edhe konflikte të dhunshme. Raportet historike tregojnë për sulme të rënda dhe masakra të popullsisë civile, veçanërisht gjatë pushtimit të qyteteve si Debal[71] Siç ndodh shpesh në kohë lufte, popullata civile ishte ajo që vuajti më së shumti.

Sulmet islamo-arabe në Indi gjatë shekullit të shtatë dhe të tetë shënuan fillimin e një ndryshimi të madh në historinë politike, kulturore dhe fetare të Azisë së Jugut. Ndërsa këto sulme fillimisht nuk rezultuan në një pushtim të plotë ose konvertim masiv në islam, ato vendosën themelet për ndikimin islamo-arab në rajonin për shekujt që do të vinin.

Invazionet e Mahmudit të Ghaznit (1001-1027)

Sulltani Mahmud i Gaznit (në Afganistanin e sotëm) sundoi nga viti 998 deri në vdekjen e tij në vitin 1030[72] Ai është i njohur për invazionet e tij të shpeshta në nënkontinentin indian gjatë viteve 1001-1027.

Mahmudi i Gaznit organizoi 17 sulme ndaj rajoneve të ndryshme të Indisë gjatë sundimit të tij. Përveç ndikimit ushtarak dhe politik, këto sulme kanë një rëndësi të madhe historike sepse kontribuan në përhapjen e Islamit në nënkontinentin indian, edhe pse konvertimi masiv në Islam nuk do të ndodhte deri në shekujt e mëvonshëm.

Invazionet e Mahmudit kanë qenë subjekt i debatit të gjerë historik. Njëra anë e argumentit shihet në atë si një përpjekje për të zgjeruar sundimin dhe pasurinë e tij, ndërsa tjetra e sheh atë si një përpjekje për të përhapur Islamin dhe për të shkatërruar simbolet e Hinduizmit dhe Budizmit.

Një nga aktet më të rëndësishme të Mahmudit ishte sulmi në tempullin e famshëm hindu të Somnathit në Gujarat në vitin 1025. Mahmud e shkatërroi tempullin duke e grabitur thesarin e tij, i cili përfshinte edhe një stalaktit të madh të kristaltë të cilin hindutë e adhuronin si një simbol të Shiva, një perëndi kryesore hindu. Shkatërrimi i këtij tempulli është invokuar shpesh si një shembull i përpjekjeve të Mahmudit për të luftuar Hinduizmin.

Përkundër sulmeve të tij, Mahmudi i Gaznit është i njohur gjithashtu për patronazhin e tij të dijes dhe kulturës. Ai mbështeti dijetarët dhe poetët, përfshi astronomët, matematikanët dhe filozofët, duke e bërë Gaznin një qendër të rëndësishme të dijes në atë kohë.

Sidoqoftë, invazionet e Mahmudit të Gaznit ndikuan ndjeshëm në historinë e Indisë, duke nxitur ndryshime politike, fetare dhe kulturore që do të ndikonin në zhvillimet e mëtejshme të rajonit.

Shtrirja e Gjerë e Islamit në Zonat e Indisë

Përhapja e Islamit në Indi mori vrull në shekullin e 10-të dhe vazhdoi deri në shekullin e 16-të, kryesisht për shkak të një kombinimi të faktorëve politikë, kulturorë dhe fetarë. Kjo periudhë përfshiu krijimin e Sultanatit të Delhit dhe Perandorisë Mogole, dy prej periudhave më të rëndësishme në historinë e Indisë.

Sultanati i Delhit (1206-1526)[73] Kjo ishte periudha kur myslimanët sunduan mbi një pjesë të madhe të Indisë. Sultanati i Delhit u themelua nga dinastitë e generalëve-skllevër me origjinë turke duke filluar me Qutb-ud-din Aibak. Kujtojmë se gjeneralët-skllevër turq ishin pjesëtarë të vlerësuar të shoqërisë në botën islame për shkak të shërbimeve të vyera që u bënin padronëve të tyre. Kjo dinasti ndërmori disa fushata ushtarake për të zgjeruar sundimin e tyre. Ata gjithashtu ngritën monumente të rëndësishme islamike si minarja Qutb Minar në Delhi.

Sufizmi, një lëvizje mistike islame, luajti gjithashtu një rol të madh në përhapjen e Islamit në Indi. Sufistët, të cilët kishin një qasje më inkluzive dhe tolerante ndaj fesë, u përhapën në të gjithë Indinë dhe kishin ndikim të madh në popullsinë vendase. Ata kishin mënyrën e tyre të predikimit të Islamit që përfshinte muzikën, poezinë dhe rritjen e lidhjeve të ngushta me komunitetet vendase.

Perandoria Mughal (1526-1857) – Në vitin 1526, Baburi[74] një perandor mughal, shtriu sundimin e tij mbi pjesën më të madhe të Indisë. Perandoritë e mëtejshme të Mughalve, përfshi Akbarin, Shah Jahanin dhe Aurangzebin, zgjeruan dhe konsoliduan më tej sundimin e tyre. Gjatë kësaj periudhe pati shumë ndërmarrje kulturore dhe artistike, duke përfshirë ndërtimin e monumenteve të famshme si Taj Mahal.[75]

Përhapja e Islamit në Indi nuk ishte pa rezistencë dhe konflikte. Ka pasur ngjarje të dhunshme dhe përplasje ndërfetare në të gjithë historinë e Indisë. Ka pasur edhe përpjekje për të kundërshtuar përhapjen e Islamit, përfshi këtu lëvizjen e re Hindu të shekullit të 19-të.

Masakra e Bakhtiyar Khilji ndaj priftërinjve budistë

Shumë individë u konvertuan në Islam për të shmangur taksat e larta të vendosura nga sunduesit myslimanë, ndërkohë që të tjerët u tërhoqën nga cilësitë e paqta fetare të sufizmit dhe nga shansi që u jepej t'i shpëtonin sistemit të ashpër të kastave në hinduizëm. Përhapja e Islamit në Indi ka qenë një proces i gjatë dhe i ndërlikuar, i ndikuar nga një sërë faktorësh politikë, socialë dhe kulturorë.

Kapitulli VI

Përhapja e Islamit në Ballkan

Perandoria Osmane

Perandoria Osmane, e njohur edhe si Perandoria e Otomanëve, filloi si një principatë e vogël turke në rajonin e Anadollit, një pjesë e madhe e Turqisë së sotme, në fund të shekullit të 13-të. Emri i saj vjen nga themeluesi i saj, Osman I[76] i cili ishte një lider i një nga fiseve turke të shumta që sundonin Anadollin pas rënies së Sultanatit Seldjuk. Fisi i Osmanit ishte mysliman, si shumica e turqve të asaj kohe, të cilët ishin konvertuar në Islam gjatë sundimit seldjuk dhe mongol.

Kontakti i popullsive turke me Islamin fillon në shekullin e 8-të dhe shekullin e 9-të, kur ushtritë e Kalifatit Abasid në Lindjen e Mesme filluan të përplasen me fiset turke në Azinë Qendrore[77] Në periudhën e ardhshme, shumë turq filluan të konvertoheshin në Islam, ndonjëherë si rezultat i marrëdhënieve tregtare, ndonjëherë për shkak të përhapjes së dhunshme të fesë nga kalifatet Islame, dhe ndonjëherë për arsye politike ose sociale.

Në shekullin e 11-të, fiset turke u bënë dominuese në Lindjen e Mesme, mbasi Selxhukët, një fis turk i konvertuar në Islam, formuan një sulltanat të fuqishëm që përfshinte Anadollin (Turqinë e sotme), Persinë dhe territore të tjera. Kjo periudhë e historisë turke është e njohur si periudha Selxhuke. Sulltanati Selxhuk e përhapi Islamin në popullsitë vendase dhe e inkorporoi atë në strukturën e tij politike dhe sociale.

Historia e Feve Monoteiste

Fiset turke të Anadollit, duke përfshirë fisin e Osmanit, ishin pjesë e kësaj lëvizjeje të madhe konvertimi dhe ndikimi Islamik. Në momentin e formimit të principatës otomane në fund të shekullit të 13-të, Islami kishte qenë tashmë pjesë e jetës dhe kulturës së popullsisë turke për disa shekuj. Prandaj, kur Osman I filloi të zgjeronte sundimin e tij, ai dhe ndjekësit e tij ishin tashmë myslimanë të devotshëm dhe e përdorën Islamin si një mjet për të legjitimuar dhe përforcuar sundimin e tyre.

Osman I, i cili sundoi nga viti 1299 deri në vitin 1326, filloi ta zgjerojë territorin e tij duke pushtuar qytete të vogla bizantine në periferi të Perandorisë Bizantine. Ai dhe pasardhësit e tij vazhduan të zgjeronin territorin e tyre në Anadoll dhe më tej në Evropë dhe Lindjen e Mesme, duke krijuar atë që më vonë do njihej si Perandoria Otomane.

Osmanët ishin myslimanë suni[78] dhe Islami luajti një rol të rëndësishëm në politikat dhe kulturën e perandorisë. Islami jo vetëm që shërbeu si bazë fetare dhe morale për sundimin e tyre, por edhe u ofroi një model ligjor dhe politik, të quajtur khalifat, duke iu munduar drejtimin e një perandorie të madhe dhe diverse. Për më tepër, perandoritë Islame, përfshi Osmanët, ishin të njohura për tolerancën e tyre fetare ndaj popullatave jo-myslimane të cilat i nënshtroheshin, me disa kushte, kufizime, dhe taksa shtesë.

Mehmeti II, i njohur si Mehmet Fatih (Mehmet Pushtuesi), është ai që zaptoi Konstantinopojën në vitin 1453[79] Ky pushtim ishte një moment kyç në historinë e Perandorisë Otomane, pasi jo vetëm i dha kontrollin mbi rrugët e rëndësishme tregtare, por edhe e vendosi si një aktor kryesor në skenën botërore. Konstantinopoja, e njohur më pas si Stambolli, u bë kryeqyteti i perandorisë dhe një qendër e rëndësishme kulturore dhe tregtare e botës Islame dhe më gjerë.

Feja Helm

Hyrja e Mehmetit II në Konstantinopojë, By Fausto Zonaro - http://www.worldvisitguide.com/oeuvre/O0025022.html, Public Domain, https://commons.wikimedia.org/w/index.php?curid=2727680

Nënshtrimi i Ballkanit nga Perandoria Otomane

Perandoria Otomane filloi të zgjerohet në Ballkan në shekullin e 14-të, dhe përfshiu vende si Bullgaria, Serbia, Maqedonia, dhe më vonë Shqipëria. Assimilimi i Shqipërisë nën Perandorinë Otomane u bë gradualisht gjatë shekullit të 14-të dhe të 15-të, pas disa konflikteve të mëdha. Shqipëria u bë pjesë e Perandorisë Otomane në shekullin e 15-të, pas betejave të famshme kundër otomanëve të Gjergj Kastriotit, i njohur si Skënderbeu. Pas vdekjes së Skënderbeut në vitin 1468, rezistenca shqiptare u dobësua gradualisht dhe pjesë të mëdha të vendit u nënshtruan nga perandoria.

Ky proces i zgjatur ishte i komplikuar dhe përfshiu shumë konflikte, kryengritje dhe negociata. Skënderbeu, i cili kishte shërbyer si kapiten në ushtrinë otomane para se të rebelohej kundër saj, u bë lider i një kryengritjeje të gjerë në Shqipëri dhe u përpoq të organizojë një aleancë të vendeve ballkanike kundër otomanëve. Gjatë periudhës së tij si kryengritës, ai fitoi disa beteja të mëdha kundër osmanëve, duke përfshirë Betejën e Torviollit (1444)[80] dhe Betejën e Albulenës (1457).[81]

Rrethimi i pare i Krujës, by Jost Amman - Woodcut attributed to Jost Amman, from Philipp Lonicer, Chronicorum Turcicorum, Frankfurt 1578, Public Domain, https://commons.wikimedia.org/w/index.php?curid=52206489

Megjithatë, pas vdekjes së Skënderbeut në vitin 1468[82] rezistenca shqiptare ndaj osmanëve u dobësua. Në vitin 1478, pas Rrethimit të Krujës, kryeqytetit arbnor që rezistonte ndaj otomanëve, Shqipëria u bë pjesë e Perandorisë Otomane. Marrja e Krujës ishte një ngjarje vendimtare për sundimin e Shqipërisë nga otomanët.

Feja Helm

Shkodra, qyteti i fundit arbnor, luftoi heroikisht kundër otomanëve gjatë rrethimit i cili zgjati nga viti 1478 deri në vitin 1479[83] një ngjarje kjo që përfundimisht vulosi asimilimin e Shqipërisë në Perandorinë Otomane. Shkodra ishte një nga qytetet më të forta në Ballkan dhe rezistenca e saj kishte marrë vëmendjen e gjithë Evropës. Pas rënies së Shkodrës, pjesa më e madhe e territorit të Shqipërisë së sotme u integrua në Perandorinë Otomane, ku do të qëndronte deri në vitin 1912[84] vit në të cilin Shqipëria shpalli pavarësinë.

Rënia e Rozafatit të Shkodrës, 1479, by Albaniadavid - Own work, CC BY-SA 3.0, https://commons.wikimedia.org/w/index.php?curid=18016241

Në lidhje me Serbinë, beteja e Fushës së Meraklit (Kosovës) në vitin 1389[85] shënoi fillimin e procesit të zgjerimit të Perandorisë Otomane në territoret serbe. Megjithatë, asimilimi i Serbisë në Perandorinë Otomane nuk u realizua menjëherë, por pas disa dekada konflikteshe dhe ndryshimesh politike. Pas vdekjes së Princ Lazar Hrebeljanović, pasardhësi i tij, Stefan Lazarević, mbajti njëfarë autonomie si vasal i otomanëve deri në vdekjen e tij në 1427. Pas kësaj, Perandoria Otomane filloi gradualisht të marrë kontrollin mbi territorin e Serbisë, e cila u bë provincë otomane në vitin 1459 pas Rrethimit të Smederevës.[86] Sundimi i Perandorisë Otomane mbi Serbinë do të vazhdonte deri në shekullin e 19-të, kur Serbia gradualisht fitoi pavarësinë e saj.

Në të njëjtën kohë, Greqia u bë gjithashtu pjesë e Perandorisë Otomane gjatë shekullit të 15-të, me rënien e Athinës në vitin 1458 dhe Despotatit të Moreas në vitin 1460. Megjithatë, Greqia ruajti një lloj autonomie lokale dhe kishte një administratë greke që funksiononte nën kontrollin otoman, duke ruajtur gjuhën greke dhe Kishën Ortodokse Greke. Revolta e Greqisë kundër sundimit otoman filloi në vitin 1821[87] dhe, pas një dekade luftërash me ndihmën e Britanisë, Francës dhe Rusisë, Greqia fitoi pavarësinë e saj. Pavarësia u njoh zyrtarisht me Marrëveshjen e Londrës në vitin 1830 dhe statusi i saj si mbretëri u konfirmua me Këshillin e Londrës në vitin 1832.

Beteja e Kosovës, 1389, by Adam Stefanović - image uploaded at wordpress.com, Public Domain, https://commons.wikimedia.org/w/index.php?curid=248947

Për sa i përket Islamizimit, otomanët e impononin atë me mënyra të ndryshme dhe jo gjithnjë me forcë. Mënyra e tyre e zakontë e trajtimit të popullatave të reja të sunduara ishte përgjithësisht tolerante ndaj fesë së tyre. Megjithatë, myslimanët ishin ata që favorizoheshin në mënyra institucionale, dhe kjo çoi në konvertime të shumta në Islam gjatë periudhës së sundimit otoman.[88] Shqipëria, për shembull, kishte një popullatë kryesisht myslimane në fund të Perandorisë Otomane, megjithëse në fillim kishte qenë shumica e krishterë.

Shumë faktorë ndikuan në konvertimin e shqiptarëve në Islam. Ndërsa shumë ndjekës të fesë katolike dhe ortodokse në Shqipëri i rezistuan islamizimit, kishte disa shkaqe të cilat ndihmuan në përhapjen e fesë Islame:

Ndikimi politik dhe social – Otomanët ofronin privilegje sociale dhe ekonomike për ata që konvertoheshin në Islam. Kjo përfshinte lirimin nga tatimet e rënda dhe mundësi të avancimit në administratën otomane. Për shumë shqiptarë, konvertimi ishte një mjet për të arritur stabilitetin ekonomik dhe social.[89]

Rezistenca ndaj pushtuesve të tjerë – Në disa raste, konvertimi në Islam mund të jetë parë si formë rezistence ndaj pushtimeve të mëparshme, si ato nga Bizanti apo Republika e Venedikut. Islami, në këtë kuptim, ofronte një alternativë dhe një mjet për të krijuar një identitet të ri.

Ndikimi i Sufizmit – Një lëvizje mistike Islame, sufizmi luajti një rol të rëndësishëm në përhapjen e Islamit në Shqipëri. Praktikat e tij të përfshirjes dhe tolerancës ndaj të tjerëve mund të kenë qenë më të pranueshme për shqiptarët.[90]

Ndërsa procesi i Islamizimit zgjati disa shekuj, aty nga fillimi i shekullit të 17-të një pjesë e madhe e shqiptarëve ishin konvertuar tashmë në Islam. Megjithatë, Shqipëria arriti të mbante një komunitet të madh të krishterë, dhe në të njëjtën kohë vendi njihet për diversitetin dhe tolerancën e tij fetare.

Kapitulli VII

Huazimet nga Besimet Pagane

Është e rëndësishme të theksohet se të gjitha fetë, përfshi edhe ato monoteiste, janë ndikuar nga konteksti historik dhe kulturor ku u lindën dhe u zhvilluan, kontekst ky që përfshin praktikat dhe besimet fetare të mëparshme. Ja disa shembuj të huazimit nga besimet e hershme nga Krishterimi, Islami dhe Judaizmi.

Huazimet e Krishterimit

Ritualet Pagane

Disa prej ritualeve dhe festave më të mëdha të krishtera kanë lidhje me festat dhe praktikat pagane. Për shembull, festa e Pashkëve përkufizohet si e diela e parë menjëherë pas hënës së plotë që ndodh pas ekuinoksit të pranverës, ditë kjo në të cilën dielli kalon në gjysmën veriore të orbitës eliptike të Tokës. Kjo është e njëjtë me praktikat e disa festave pagane të pranverës, siç është festa anglo-saksone e Eostres, e cila festohej në periudhën e ekliptikës së pranverës dhe kishte të bëjë me hënën dhe mëngjesin. Hëna ka qenë një simbol i rëndësishëm në shumë kultura dhe besime të hershme, duke përfshirë edhe kultin e perëndeshës së mëngjesit, Eostre. Përdorimi i hënës për të përcaktuar datën e Pashkëve në Krishterim, dhe lidhja e festës me pranverën dhe ringjalljen, i përngjajnë elementeve të këtyre festave pagane.

Vezët që sot janë pjesë e pandarë e Pashkëve janë përdorur shumë më herët nga shumë kultura popujsh të lashtë. Festa Eostre e përmendur më sipër përfshinte vezët dhe lepurushët si simbole të fertilitetit. Festa persiane e Novruzit që bëhej gjatë ekuinoksit të pranverës kishte vezë të dekoruara si elementë të saj. Disa tradita gjermane dhe celtike po ashtu përdornin vezët si simbol i rilindjes dhe fertilitetit, madje aq sa shpeshherë i varrosnin në fusha që të kishin një rritje pjellore të prodhimeve.[91]

Lepurushi i Pashkëve, kafsha e shenjtë e perëndeshës së mëngjesit, Eostre, by ItsLassieTime - Own work, Public Domain, https://commons.wikimedia.org/w/index.php?curid=5521909

Gjithashtu, festa e Krishtlindjeve ndodh më 25 Dhjetor, një datë që përkon me festën romake të Diellit të Paepërm dhe festën e lindjes së Mitras[92] i cili ishte zoti i besimit të lashtë romak përpara adoptimit të Krishterimit. Dielli ka qenë gjithashtu një simbol i rëndësishëm në shumë fe dhe kultura të lashta, dhe festa e Diellit të Paepërm ishte një festë e rëndësishme në Perandorinë Romake. Më 25 dhjetor është afërsisht koha e solsticit së dimrit, kur dita fillon të zgjatet, duke simbolizuar "ringjalljen" e diellit. Në Krishterim, lindja e Jezusit shihet si një ngjarje që solli "dritë" në botë, e cila ka ngjashmëri me simbolizmin e diellit dhe ringjalljes së tij në solsticin e dimrit.

Dielli në qendër i rrethuar nga 12 shenjat e Zodiakut dhe katër stinët, By Talmoryair - Self-scanned, Public Domain, https://commons.wikimedia.org/w/index.php?curid=1690816

Lindja nga një Virgjëreshë

Shumë kultura që rrjedhin shumë përpara krishterimit kanë si element të tyre lindjen nga një virgjëreshë. Ja disa shembuj:

Budizmi – Në budizëm, lindja e Budës, Siddharta Gautama, është e përshkruar si një mrekulli. Prajapati Maya, nëna e Budës, ngeli shtatzënë gjatë një endrre ku ajo pa një elefant të bardhë që hyri në anën e saj të djathtë. Kjo është interpretuar si një lindje "virgjërore", edhe pse kuptimi dhe konteksti janë të ndryshme nga versioni i krishterë.

Mitologjia Egjiptiane - Në mitologjinë e lashtë egjiptiane, Horusi u lind nga Isis, e cila, përmes magjisë, ngeli shtatzënë pasi vëllai i saj Sethi vrau dhe copëtoi burrin e saj Osiris[93] Sipas legjendës, Isis i mblodhi pjesët e copëtuara të të shoqit duke e ringjallur atë që të ngelte shtatzënë përpara se ai të vdiste përsëri dhe të bëhej perëndia i botës së nëndheshme. Edhe kjo mund të interpretohet në kontekstin e një lindjeje "virgjërore" apo mrekullore, edhe pse disi ndryshe nga versioni i krishterë.

Mitologjia Persiane – Mitra, një perëndi e lashtë persiane dhe romake e diellit, konsiderohet të ketë lindur nga një shkëmb, një formë kjo e quajtur "lindje nga shkëmbi"[94] Ky koncept është i ndryshëm nga ideja e lindjes "virgjërore", por ka paralele në konceptin e një lindjeje nëpërmjet një mrekullie dhe të paprekur nga seksualiteti i zakonshëm.

Huazimet e Islamit dhe Judaizmit

Në Islam ka shumë elementë të Haxhit, ose pelegrinazhit vjetor në Mekë, që kanë prejardhje nga praktikat pagane arabe. Kjo përfshin ritualin e mureve të gurta[95] që simbolizon gjuajtjen me gurë të djallit, dhe ritualin e rrotullimit rreth Kabës, që është i ngjashëm me praktikat e mëparshme të adhurimit të shumë zotave[96] Këto rituale ishin të rëndësishme për kulturën dhe fetë e Mekës para Islamit, dhe u ruajtën dhe u interpretuan përsëri në kontekstin e mësimeve të reja të Islamit.

Por kryesisht, Islami, si një fe e vonë, ka huazuar dukshëm nga dy fetë monoteiste paraardhëse. Gjatë kohës së profetit Muhamet, arabët ishin në përgjithësi politeistë, dhe adhuronin shumë perëndi. Por edhe këtu, koncepti i monoteizmit, i cili është një koncept qendror i Islamit, ishte i njohur në Lindjen e Mesme të asaj kohe për shkak të ndikimit të fesë hebraike dhe të krishterë.

Islami huazon një numër të madh të profetëve që përmenden në Bibël, duke përfshirë Abrahamin, Moisiun, dhe Jezusin. Kjo është e përbashkët me tradita hebraike dhe të krishtere.

Po ashtu, shumë nga ligjet dhe rregullat etike në Islam, si zakoni i mire ose sunnah, respekti ndaj prindërve, dhe ndalimi i vjedhjes, janë të ngjashme me ato që gjenden në Judaizëm dhe Krishterim.

Ditët e Shenjta dhe Ritualet – Siç u përmend më parë, haxhi ka elementë që rrjedhin nga praktikat pagane. Por gjithashtu, praktika e agjërimit gjatë muajit të Ramazanit mund të krahasohet me praktikat e agjërimit që gjenden në hebraizëm dhe Krishterim. Për më tepër, e Premtja e Shenjtë në Islam ka ngjashmëri me të shtunën e Shenjtë në judaizëm dhe të Dielën e shenjtë në Krishterim. Këtu duket se Islami thjeshtë ka zgjedhur një ditë të ndryshme me dy fetë e tjera.

Ashtu si Judaizmi, edhe Islami ka rregulla strikte në lidhje me ushqimin, të njohura si "hallall" në Islam dhe "kosher" për hebrejtë. Të dyja këto rregulla ndalojnë konsumimin e mishit të derrit. Të dyja fetë gjithashtu ndalojnë konsumimin e gjakut dhe kanë rregulla specifike për mënyrën e therjes së kafshëve për konsum.

Në të dyja fetë, modestia është një koncept i rëndësishëm. Për shembull, në Islam, gratë duhet të mbajnë hixhab për të mbuluar flokët e tyre, dhe në të njëjtën mënyrë, në disa komunitete hebreje, gratë e martuara duhet të mbulojnë flokët. Për më tepër, disa praktikantë të të dyja feve preferojnë të vishen me rroba që e mbulojnë sa më shumë trupin për të respektuar këto parime modestie.

Në përgjithësi, Islami, Judaizmi, dhe Krishterimi kanë shumë ngjashmëri për shkak të prejardhjes së tyre semitike dhe natyrës së përbashkët monoteiste. Disa prej festave dhe ritualeve në Judaizëm kanë lidhje me praktikat e mëparshme kananeze dhe mesopotamike.

Për shembull, festa e Pashkëve hebraike, që feston çlirimin e hebrejve nga skllavëria në Egjipt, ka elementë të festës së mëparshme kananeze të pranverës, që festonte ringjalljen e natyrës. Gjithashtu, disa prej rregullave të dietës hebre, ose kashrut, njihen të kenë pasur një prejardhje nga praktikat e mëparshme të ushqimit dhe higjienës.

Rregullat e Kashrut ose dietës hebraike ndonjëherë janë shpjeguar në kontekstin e ndikimeve të mjedisit dhe higjienës të kohës së lashtë. Për shembull, siç u tha më sipër, ndalimi i konsumimit të mishit të derrit ka qenë shpesh i lidhur me rrezikun e sëmundjeve të transmetueshme si trihinozës, që mund të përhapet nga mishi i derrit që nuk është gatuar mirë. Kjo gjë ka kuptim në kushtet e lashta kur metodat e gatimit dhe parandalimit të sëmundjeve ishin shumë pak të zhvilluara.

Feja Helm

Gjithashtu, rregullat e therjes në judaizëm, që përfshijnë therjen e kafshës në një mënyrë të caktuar dhe derdhjen e gjakut, mund të jenë pasqyrim i zakoneve të mëparshme të sakrificave fetare.

Në lidhje me huazimet nga judaizmi prej feve të tjera të mëhershme, shumë elementë të historisë dhe besimeve të judaizmit kanë paralele me historitë dhe besimet e feve të lashta mesopotamike. Për shembull, historia e Noas dhe e përmbytjes së madhe është e përafërt me historinë e përmbytjes tek "Eposi i Gilgameshit", një epos i lashtë mesopotamik.

Dhjetë Urdhëresat, të njohura si Decalogue në Bibël, përmbajnë parime që kanë qenë të pranishme në shumë kultura dhe kohë të ndryshme. Përfshirja e parimeve si respekti ndaj prindërve, ndalimi i vjedhjes, vrasjes, dhe tradhëtisë, dhe kufizimet mbi lakminë dhe zilinë, të gjitha janë ide që gjenden në shumë sisteme morale dhe ligjore në të gjithë botën.

Një shembull i njohur është Kodi i Hammurabit[97] i cili daton rreth vitit 1754 para Krishtit, pra qindra shekuj para se të shkruhej Bibla. Kodi i Hammurabit ka disa parime të ngjashme me Dhjetë Urdhëresat, përfshi ndalimin e vjedhjes dhe vrasjes. Disa nga ligjet e përfshira në këtë kod janë dëshmia e rreme, vjedhja, tradhëtia martesore, dhuna, vrasjet, e të tjera të ngjashme me ato që gjenden tek 10 Urdhëresat apo në librat e Biblës.

Në secilën nga këto fe është e rëndësishme të kuptojmë se ato nuk kanë lindur në boshllëk, por janë produkt i vazhdimësisë historike dhe kulturore. Shembujt që jepen për Krishterimin, Islamin dhe Judaizmin ilustrojnë se këto fe, ndonëse ndonëse unike në dukje në mënyrat e tyre, kanë lidhje të rëndësishme dhe të ngushta me kontekstin e tyre historik dhe kulturor dhe me besimet e mëparshme. Që nga festat dhe ritualet që lidhen me fenomenet natyrore e deri tek parimet morale dhe etike, feja është kryesisht një pasqyrim i historisë dhe kulturës së një populli. Kjo është një dëshmi e fuqishme për mënyrën se si njerëzimi ka interpretuar dhe kuptuar botën përreth gjatë gjithë historisë së tij. Në mënyrë thelbësore, ne duhet të çmojmë dhe të kuptojmë faktin se feja është një fenomen i ndërlikuar dhe i ndërlidhur që reflekton dhe ndërton njëkohësisht identitetin e njerëzve dhe kulturat e tyre.

Kapitulli VIII

Konfliktet në mes Besimeve Monoteiste

Përplasjet në mes Judaizmit dhe Krishterimit

Konfliktet në mes Judaizmit dhe Krishterimit janë ndër më të vjetrat dhe më komplekset në historinë e ndërsjelljes fetare. Si dy fe monoteiste që kanë një origjinë të përbashkët, ato kanë ndjekur rrugë të ndryshme historike dhe doktrinore.

Origjina e Konfliktit

Konfliktet në mes të Judaizmit dhe Krishterimit në shekullin e parë të e.s. kanë të bëjnë kryesisht me përpjekjet e të krishterëve të hershëm për të përhapur mësimet e tyre tek hebrejtë dhe mospajtimet mbi statusin dhe identitetin e Jezusit. Të krishterët e hershëm, të udhëhequr nga apostujtë e Jezusit, filluan të shpërndanin mësimet e tyre në Jeruzalem dhe më gjerë.

Konflikti i parë i njohur në mes të krishterëve dhe hebrejve u regjistrua në veprat e apostujve në Testamentin e Ri. Në Veprat e Apostujve 7, Stefani, një nga diakonët dhe predikuesit e hershëm të krishterë, u akuzua nga disa prej hebrejve për fjalë të paligjshme ndaj Moisiut dhe Jahve-it. Ai u gjykua nga Sanhedrini, këshilli më i lartë juridik dhe shpirtëror i hebrejve, dhe u vra me gurë për blasfemi.

Apostulli Pali, i njohur fillimisht si Sauli, ishte një tjetër figurë e rëndësishme e kësaj periudhe. Pali filloi si një përndjekës i të krishterëve, por pas një përvoje transformative, u bë një nga përhapësit më të rëndësishëm të Krishterimit. Përpjekjet e tij për të përhapur mësimet e Jezusit tek hebrejtë dhe paganët u hasën me kundërshtimin e vazhdueshëm nga hebrejtë, të cilët e akuzuan atë për blasfemi dhe përhapje të mësimeve të rreme. Pali u arrestua disa herë dhe u burgos për predikimin e tij.

Përveç këtyre konflikteve të hapura, ishte edhe tensioni i vazhdueshëm në mes të interpretimit të shkrimeve hebraike dhe statusit të Jezusit si Mesia. Të krishterët e hershëm e shikonin Jezusin si plotësimin e profecive mesianike në Librin e vjetër, por shumica e hebrejve nuk e pranonte këtë interpretim. Kjo bëri që mësimet e të krishterëve të konsideroheshin herezi nga hebrejtë. Tensionet e tilla ndikuan në ndarjen e qartë në mes këtyre dy feve.

Konfliktet në Shekullin e Parë

Gjatë shekullit të parë, konfliktet mes të krishterëve dhe hebrejve u intensifikuan, kryesisht për shkak të pranisë së të krishterëve në sinagoget hebreje dhe konflikteve që u ngritën rreth identitetit të Jezusit dhe interpretimit të shkrimeve hebre. Kjo çoi në ndarjen e parë të qartë në mes të Judaizmit dhe Krishterimit. Një nga incidentet më të bujshme dhe më të rëndësishme të shekullit të parë ndodhi në vitin 70 të e.s., kur perandoria romake rrethoi dhe më pas shkatërroi Jeruzalemin, përfshi dhe Tempullin e dytë, që ishte qendra më e rëndësishme fetare për hebrejtë. Kjo ngjarje njihet në histori si shkatërrimi i Jeruzalemit.

Pasojat ishin të thella për të dyja komunitetet, Judaizmin dhe Krishterimin. Për hebrejtë, kjo ishte një tragjedi e madhe dhe shënoi fundin e një epoke. Mbasi tempulli u shkatërrua, adhurimi në tempull dhe sakrificat që ishin pjesë e qendrës së praktikës së tyre fetare u ndaluan. Kjo çoi në një transformim të madh të Judaizmit, ku studimi dhe interpretimi i shkrimeve hebre të Teuratit zuri një rëndësi edhe më të madhe.

Nga ana tjetër, për të krishterët, shkatërrimi i tempullit dhe përndjekja e mëtejshme e hebrejve nga romakët i shtyu ata të ndaheshin më tej nga Judaizmi. Kjo bëri që, pavarësisht origjinës së tyre hebraike, të krishterët filluan të konsiderohen si një grup i veçantë, ndërkohë që ata synonin të tërhiqnin më shumë përkrahës nga popullatat jo-hebreje të perandorisë romake.

Gjithashtu, pas shkatërrimit të Jeruzalemit, konfliktet në mes hebrejve dhe të krishterëve u intensifikuan. Disa të krishterë filluan ta përdorin këtë ngjarje si një pikë për të argumentuar se hebrejtë ishin të "dënuar" nga Perëndia për refuzimin e tyre të Jezusit si Mesia, ndërsa hebrejtë iu kundërpërgjigjën këtyre aludimeve me përbuzje. Këto mosmarrëveshje do të çonin në konflikte të mëtejshme dhe ndarje edhe më të thella në mes të dy komuniteteve.

Konfliktet në Shekujt e Mesëm

Dhuna dhe diskriminimi ndaj hebrejve, një fenomen i njohur si antisemitizëm, kanë qenë të pranishme në historinë e Evropës për shekuj me radhë. Hebrejtë shpesh janë portretizuar si "të tjerët", të shkëputur nga shoqëria e përgjithshme, dhe janë akuzuar për çështje të ndryshme si konspiracione ekonomike, krime shoqërore, dhe madje edhe për ngjarje natyrore si sëmundje dhe fatkeqësi. Këto paragjykime dhe stereotipizime kanë qenë shpeshherë një burim diskriminimi dhe dhune ndaj hebrejve.

Në shekullin e 11-të, për shembull, shumë komunitete hebreje në Evropën perëndimore u vranë ose u detyruan të konvertohen në Krishterim gjatë periudhës së kryqëzatave. Gjatë shekullit të 14-të, hebrejtë u bënë fajtorë për vdekjet masive në radhët e popullësisë mesjetare të Evropës të shkaktuara nga murtaja e madhe (Vdekja e Zezë), duke çuar kështu në masakra dhe përjashtime të shumta të tyre. Në shekujt e ardhshëm, diskriminimi ndaj hebrejve vazhdoi me detyrimin që shpeshherë u bëhej të jetonin në geto dhe duke i përjashtuar nga disa lloje profesionesh.

Edhe gjatë mesjetës ka pasur shumë incidente të bujshme të konfliktit mes Judaizmit dhe Krishterimit. Më poshtë janë disa prej tyre:

Pogromet e Rheine-it (1096)

Këto ishin seritë e para të dhunës ndaj hebrejve gjatë Kryqëzatës së Parë. Kryqëzatat u shpallën fillimisht për të rikthyer kontrollin e krishterë mbi Tokën e Shenjtë, por ato shpesh u përdorën si justifikim për të sulmuar komunitetet hebreje në Evropë. Gjatë Pogromeve të Rheine-it, qindra hebrej u vranë dhe qytete të tëra u shkatërruan përgjatë luginës së lumit Rheine në Gjermaninë Perëndimore gjatë vitit 1096[98] Kjo zonë përfshin qytete të tilla si Speyer, Worms, Mainz, dhe Këln.

Gjatë këtyre pogromeve, qytetarë të thjeshtë të nxitur nga zeli i kryqëzatës u ngritën kundër komuniteteve hebre të vendeve ku jetonin, duke i akuzuar hebrejtë si armiq të Krishtit. Këto sulme rezultuan në vrasjen e mijëra hebrejve dhe shkatërrimin e komuniteteve hebre autoktone të këtyre vendeve.

Masakrat ndaj hebrejve në Metz, 1095, by Auguste Migette, 1802-1884, Public domain, via Wikimedia Commons, Public Domain, https://commons.wikimedia.org/w/index.php?curid=4681663

Akuzat për Ritualet e Sakrifikimeve Njerëzore (Shekulli 13 - 14)

Këto ishin akuza që pretendonin se hebrejtë bënin rituale sakrifikimesh të fëmijëve të krishterë. Edhe pse këto akuza ishin të pabaza dhe u hodhën poshtë nga disa autoritete të kishës, ato shpesh u përdorën si justifikime për dhunën ndaj hebrejve. Një shembull i njohur është rasti i Hugh of Lincoln në Anglinë e shekullit të 13-të, ku hebrejtë u akuzuan pa prova për vrasjen rituale të një djali të ri të krishterë si një sakrificë njerëzore.[99]

Pogromet në Evropën Lindore (Shekulli XIX dhe XX): Këto ishin sulmet e organizuara ndaj komuniteteve hebreje në Rusi dhe Evropën Lindore. Pogromet shpesh përfshinin dhunë masive, grabitje dhe shkatërrime të shtëpive dhe sinagogeve hebreje.

Diskriminimi i hebrejve gjatë Mesjetës dhe Rilindjes – Në disa vende të Evropës, hebrejtë u detyruan të jetojnë në geto dhe u ndaluan të bënin punë të caktuara. Kisha katolike u ndaloi hebrejve të kapnin pozicione në universitete, si dhe ata u përjashtuan nga profesionet si mjekësia dhe avokatura, gjë e cila çoi në një izolim ekonomik dhe social të hebrejve.

Këto incidente tregojnë qartë se konfliktet mes Judaizmit dhe Krishterimit ishin shumë të rënda gjatë shekujve të Mesëm dhe Rilindjes, me dhunë dhe diskriminim të përsëritur ndaj hebrejve.

Antisemitizmi modern fillon në shekullin e 19-të, ku ideologjitë nacionaliste dhe raciste filluan të përziejnë paragjykimet e vjetra me koncepte të reja racore. Në këtë kohë, hebrejtë u portretizuan si një "racë" e dëmshme dhe e papërshtashshme me "racën" evropiane.

Gjatë shekujve të mesëm, konfliktet në mes Judaizmit dhe Krishterimit u intensifikuan me persekutime të shpeshta të hebrejve nga të krishterët. Hebrejtë u akuzuan shpesh për "vrasjen e Krishtit", një akuzë e cila u përdor si justifikim për dhunë dhe diskriminim ndaj tyre. Shembuj të këtyre persekutimeve përfshijnë masakrat e hebrejve gjatë kryqëzatave dhe pogromet në Evropën e Mesme dhe Lindore ku turmat e zellta të krishtere masakronin qindra individë vetëm mbi bazat e origjinës së tyre të krishterë.

Feja Helm

Pogromet në Rusi kundër popullësisë hebreje, by unknown author - https://vatnikstan.ru/history/rabbi_jews_1880s/ Published in "The Penny Illustrated Paper", Feb. 4 1882, No. 1074 - Vol. 42., Public Domain, https://commons.wikimedia.org/w/index.php?curid=116512647

Marrëdhëniet në mes të Krishterëve dhe Hebrejve në Shekullin e 20-të dhe më pas

Gjatë shekullit të 20-të, konfliktet midis Judaizmit dhe Krishterimit u reflektuan kryesisht në krimet e tmerrshme të nazizmit gjatë Luftës së Dytë Botërore. Më poshtë jepet një përmbledhje e shpejtë e kësaj ngjarjeje si dhe roli i kishës gjatë saj.

Holokausti (1933-1945)

Holokausti ishte kulmimi i kësaj dhune të vazhdueshme dhe diskriminimi ndaj hebrejve. Kjo ndodhi gjatë Luftës së Dytë Botërore, kur Partia Naziste, e udhëhequr nga Adolf Hitler, mori pushtetin në Gjermani dhe vendosi të zbatonte politikat e saj ekstremiste antisemite.

Burimi i urrejtjes naziste ndaj hebrejve ishte i ndërlikuar dhe përmbante elementë ideologjikë, politikë dhe fetarë. Hitleri dhe nazistët i portretizonin hebrejtë si një kërcënim për "racën" ariane dhe kulturën gjermane. Ata i konsideronin hebrejtë si përgjegjës për humbjen e Gjermanisë në Luftën e Parë Botërore[100] dhe për çështje ekonomike si hiperinflacioni dhe papunësia. Hebrejtë u cilësuan si një forcë e dëmshme dhe konspirative që duhej të luftohej.

Gjatë Luftës së Dytë Botërore, nazistët u angazhuan në një politikë sistematike të vrasjes së hebrejve, e njohur si "Zgjidhja Përfundimtare e Çështjes Hebre". Kjo politikë përfshiu izolimin e hebrejve në geto, përdorimin e tyre për punë të detyruara, dhe deportimin e tyre në kampet e vdekjes, ku miliona u vranë në dhoma gazi dhe qendra të tjera vrasjesh sistematike. Ky ishte një nga aktet më të tmerrshme të gjenocidit në historinë njerëzore, dhe që ka lënë një shenjë të thellë në historinë e hebrejve dhe botën e gjerë.

Feja Helm

Mbërritja e një grupi të burgosurish hebrej në Auschwitz, by Anonymous photographer from the Auschwitz Erkennungsdienst. Several sources believe the photographer to have been SS officers Ernst Hoffmann or Bernhard Walter, who ran the Erkennungsdienst. - The source of this version is The Daily Beast.

Roli i Kishës Katolike në lidhje me Holokaustin

Reagimi i Kishës Katolike ndaj persekutimit të hebrejve gjatë Luftës së Dytë Botërore ka qenë subjekt i debateve të gjata dhe shpeshherë kontroverse. Papët e asaj periudhe, Pius XI dhe Pius XII, si dhe institucioni i Kishës janë kritikuar për mosveprim ose për mosreagim të mjaftueshëm ndaj Holokaustit.

Pius XI, që shërbeu si Papë deri në vdekjen e tij në 1939, kishte shprehur shqetësimin e tij për rritjen e nazizmit. Ai dha urdhër për shkrimin e një enciklike, "Mit Brennender Sorge" (Me Shqetësim të Djegur), e cila u lexua në të gjitha kishat katolike gjermane më 1937. Kjo ishte një kritikë e fortë ndaj nazizmit dhe racizmit, por nuk përmendi persekutimin e hebrejve në mënyrë specifike.

Pas vdekjes së Pius XI, Pius XII u zgjodh si Papë dhe shërbeu gjatë gjithë kohës së Luftës së Dytë Botërore. Kritikët e tij argumentojnë se ai nuk foli mjaftueshëm hapur kundër persekutimit të hebrejve nga nazistët. Ai është kritikuar për heshtjen e tij publike gjatë Holokaustit, edhe pse disa dokumente dhe dëshmi tregojnë se ai punoi në mënyra të fshehta për të ndihmuar hebrejtë.

Pius XII, në mesazhin e tij të Krishtlindjeve të 1942, pa përmendur nazizmin ose hebrejtë në mënyrë specifike, dënoi "përhapjen e racizmit" dhe "shfarosjen e personave të pafajshëm" për shkak të origjinës ose racës së tyre. Por, ai nuk ndërmori hapa konkretë publikisht për të dënuar Holokaustin dhe kjo ka çuar në akuzat se Kisha Katolike nuk u përpoq mjaftueshëm për të ndaluar gjenocidin e hebrejve.

Pas Luftës së Dytë Botërore, Kisha Katolike pati bërë përpjekje për të luftuar antisemitizmin dhe për të përmirësuar marrëdhëniet me komunitetin hebre. Kjo përfshin Deklaratën "Nostra Aetate"[101] të Këshillit të dytë të Vatikanit në vitin 1965, e cila hodhi poshtë akuzën kundër hebrejve të "vrasjes së Krishtit" dhe theksoi respektin dhe dialogun ndërfetar.

Në vitin 2020, Vatikani hapi arkivat e Papës Pius XII për hulumtuesit, me shpresën se ky hap do të hedhë më shumë dritë mbi rolin e Kishës gjatë Luftës së Dytë Botërore dhe Holokaustit. Dokumente të sapozbuluara nga Arkivat e Vatikanit tregojnë se Papa ishte i vetëdijshëm për masakrat e hebrejve nga nazistët që në vjeshtën e 1942[102] Megjithatë, ai zgjodhi të mos i dënojë publikisht nazistët, pas këshillës së një ndihmësi që minimizoi raportet e vrasjeve masive.

Një moment kyç në marrëdhënien e Papës me nazistët u arrit në 1933, kur ai drejtoi një marrëveshje mes Vatikanit dhe Rajhut të Tretë[103] e cila garantonte pozicionin neutral të Vatikanit ndaj veprimeve të nazistëve. Këtë marrëveshje Vatikani e prezantoi si një masë për të mbrojtur interesat e kishës, ndërkohë që Hitleri e interpretoi atë si një aprovim ndërkombëtar të regjimit nazist.

Një nga dokumentet zbulon një debat intensiv në Vatikan në 1943, kur nazistët që okuponin Romën arrestuan mbi një mijë hebrej dhe i dërguan në Auschwitz, nga ku vetëm 16 mbijetuan. Në një letër, një diplomat i Vatikanit i bën thirrje Papës për të protestuar privatisht ndaj ambasadorit gjerman. Papa kërkon këshillë nga eksperti i tij për çështjet e hebrejve, Monsignor Angelo Dell'Acqua. Dell'Acqua, siç thuhet në dokument, mendon se letra e diplomatit anonte haptas në favor të hebrejve, duke shtuar se hebrejtë kishin shkaktuar probleme, kishin kërcënuar shoqëritë e shëndosha të krishtera, prandaj kisha nuk kishte pse të fliste për ta.[104]

Pas Luftës së Dytë Botërore, interesi publik për veprimet e Papës u rrit ndjeshëm kur një premierë gjermane teatrale e portretizoi atë si indiferent ndaj vuajtjeve të hebrejve evropianë. Dokumente të reja tregojnë se Papa nuk pranoi të japë informacion të detajuar për vrasjet e hebrejve në Varshavë dhe Lviv kur u pyet nga qeveria amerikane.

Kritikët e tij e akuzojnë atë për një heshtje komplotiste, duke argumentuar se heshtja e tij pati lejuar vazhdimin e vrasjeve të hebrejve. Në anën tjetër, mbështetësit e tij thonë se heshtja e tij ishte e qëllimshme për të shmangur hakmarrjen gjermane dhe për të mbajtur vazhdimësinë e përpjekjeve të fshehura të Kishës Katolike në ndihmë të viktimave të persekutimit nazist.

Ndërsa studiuesit vazhdojnë të shqyrtojnë dokumentet e sapo disponueshme, ka ende shumë për të mësuar rreth kontekstit dhe pasojave të veprimeve të Papës gjatë Holokaustit.

Konfliktet në mes Krishterimit dhe Islamit

Kryqëzatat ishin një seri luftërash fetare që u ndërmorën nga mbretëritë perëndimore të krishtera kundër myslimanëve të Lindjes së Mesme, me synim rikthimin e kontrollit të krishterë mbi qytetet e shenjta të Lindjes së Mesme, veçanërisht Jeruzalemin. Këto luftëra u zhvilluan nga shekulli i 11-të deri në shekullin e 15-të. Më poshtë ka një renditje kronologjike të disa prej tyre:

Kryqëzata e Parë (1096-1099) – Pas thirrjes së Papës Urban II për luftë kundër myslimanëve, kryqëzatarët e krishterë mbërritën në Lindjen e Mesme dhe arritën të merrnin Jeruzalemin në vitin 1099, duke vrarë shumë nga banorët e tij myslimanë dhe hebrej.

Kryqëzata e Dytë (1147-1149) – Pas humbjes së disa territoreve të fituara gjatë Kryqëzatës së Parë, u ndërmor një kryqëzatë e re, e cila nuk rezultoi e suksesshme dhe nuk arriti t'ia rikthejë perëndimit këto territore.

Kryqëzata e Tretë (1189-1192) – Kjo u ndërmor pas rënies së Jeruzalemit në duart e Sulltanit Salah ad-Din (ose Saladin). Kjo kryqëzatë përfshiu monarkë të mëdhenj të Evropës, si Richard Zemërluani i Anglisë, dhe përfundoi me një marrëveshje paqeje që lejonte të krishterët të vizitonin qytetin e shenjtë pa pengesa, me kusht që qyteti të ngelej nën kontrollin e myslimanëve.

Kryqëzata e Katërt (1202-1204) – Kjo kryqëzatë devijoi nga objektivi i saj fillestar – rimarrja e Jeruzalemit - dhe përfundoi me sulmin dhe plaçkitjen e Konstantinopojës, qyteti kryesor i Perandorisë Bizantine që ishte e krishterë. Gjatë kësaj kryqëzate, pushtuesit hoqën dorë nga objektiv primar për shkak të çështjeve politike, ushtarake dhe ekonomike, dhe përfunduan duke sulmuar dhe plaçkitur Konstantinopojën, kryeqytetin e Perandorisë Bizantine. Kjo ndodhi pas një marrëveshjeje me venecianët për të marrë qytetin rebel të Zarës në Kroaci në këmbim të transportit detar[105] të cilin kryqëzatarët nuk arritën ta paguajnë.

Më pas, një princ i dëbuar bizantin, Aleksio, bindi kryqëzatarët për të ndihmuar babain e tij në rimarrjen e fronit me premtimin e ndihmës me trupa dhe para për pushtimin e Jeruzalemit. Kryqëzatarët sulmuan Konstantinopojën në vitin 1203 dhe e rikthyen Aleksion në fron si bashkë-perandor[106] Por, kur Aleksio nuk arriti të mbante premtimet e tij si rezultat i një kryengritjeje popullore gjatë të cilës ai u ekzekutua, kryqëzatarët vendosën ta sulmojnë përsëri qytetin në vitin 1204 duke e plaçkitur atë plotësisht[107] gjë e cila e dobësoi ndjeshëm Perandorinë Bizantine.

Konstantinopoja u kthye përsëri nën kontrollin bizantin në vitin 1261, por dobësimi i saj pas Kryqëzatës së Katërt, së bashku me presionin e vazhdueshëm nga Selxhukët dhe më vonë nga Osmanët, çoi në marrjen e saj përfundimtare në vitin 1453 nga Perandoria Osmane. Kjo ngjarje ndikoi ndjeshëm në zhvillimet e mëtejshme të historisë së rajonit dhe shënoi një pikë ndarjeje të thellë në marrëdhëniet ndërmjet Kishës Katolike dhe asaj Ortodokse.a

Ky ishte një moment i rëndësishëm dhe i veçantë në historinë e Kryqëzatave, pasi reflektoi tensionet dhe rivalitetet në mes të krishterëve të lindjes dhe atyre të perëndimit. Për shkak të këtij incidenti, Kisha Ortodokse Lindore dhe Kisha Katolike Romake, të cilat kishin qenë ndarë në vitin 1054 (një ngjarje që njihet si "Ndarja e Madhe"), u larguan edhe më shumë prej njëra-tjetrës.

Ky akt vandalizmi nga të krishterët e perëndimit ndaj atyre të lindjes nuk u harrua lehtë nga ortodoksët dhe ndikoi negativisht në marrëdhëniet midis perëndimit dhe lindjes, duke thelluar edhe më shumë ndarjen fetare dhe politike. Për më shumë se një shekull pas Kryqëzatës së Katërt, Perandoria Bizantine u ringjall në një formë të dobësuar, por ndikimi i saj politik dhe ushtarak ishte i kufizuar. Kjo dobësi e Perandorisë Bizantine bëri të mundur avancimin e Perandorisë Osmane në Ballkan gjatë shekullit të 14-të dhe të 15-të. Perandoria Osmane u tregua e aftë për të shfrytëzuar ndarjet fetare dhe politike në mes perëndimit dhe lindjes për të avancuar interesat e veta. Për Evropën, rënia e Perandorisë Bizantine shënoi fundin e periudhës mesjetare dhe fillimin e Rilindjes Evropiane.

Është shumë e mundshme që rrjedha e historisë, përfshi edhe atë të kombit shqiptar, do kishte qenë krejt ndryshe sikur ky konflikt në mes krishterimit perëndimor dhe atij lindor të kishte qenë shmangur apo reduktuar disi.

Kapja e Konstantinopojës nga Kryqëzatarët e Katërt, by Palma Le Jeune (1544–1620) - Lebédel, Claude (2006) Les croisades, origines et consequences, Ouest-France ISBN: 978-2-7373-4136-6., Public Domain, https://commons.wikimedia.org/w/index.php?curid=3106413

Kryqëzata e Pestë (1217-1221) – Edhe kjo fushatë u ndërmor për të rikthyer Jeruzalemin, por përfundoi pa ia arritur këtij synimi, kryesisht për shkak të mungesës së një udhëheqjeje të fortë dhe të një strategjie të qartë.

Kur Papa Honorius III bëri thirrje për kryqëzatë, disa nga monarkët më të fuqishëm si Filipi II i Francës dhe John i Anglisë ishin tashmë të përfshirë në konflikte të brendshme dhe nuk mund të përfshiheshin. Duka i Austrisë, Leopold VI, arriti në Lindjen e Mesme pas pjesës tjetër të ushtrisë si pasojë e vështirësive logjistike që ai hasi në fillim.

Në vitin 1219, kryqëzatarët arritën të marrin nën kontroll qytetin e Damietës në Egjipt[108] një fitore e rëndësishme. Megjithatë, ata nuk arritën ta shfrytëzojnë këtë sukses, dhe pas një sulmi të dështuar kundër Kairos, Damieta u rimor nga sulltani Al-Kamil në vitin 1221, duke e rikthyer qytetin në duart e muslimanëve.[109]

Ndërsa mungesa e një strategjie të qartë dhe e një udhëheqjeje të fortë ndikoi në dështimin e Kryqëzatës së Pestë, humbja e Damietës ishte një goditje e rëndë për përpjekjet e kryqëzatarëve për të rimarrë Jeruzalemin. Kontrolli i këtij qyteti ishte kyç për mbajtjen e ndikimit në Lindjen e Mesme, dhe humbja e tij shënoi fundin e dështuar të Kryqëzatës së Pestë.

Kryqëzata e Gjashtë (1228-1229) – Kjo ishte një kryqëzatë më e suksesshme gjatë së cilës Perandori Frederick II arriti të marrë kontrollin e disa qyteteve të shenjta, përfshi Jeruzalemin, kryesisht përmes negociatave, jo luftimeve.[110]

Kryqëzatat vazhduan deri në shekullin e 15-të, por ato të mëvonshmet ishin më pak të suksesshme dhe nuk arritën të ndryshojnë ndjeshëm balancën e pushtetit në Lindjen e Mesme. Kryqëzatat patën pasoja të thella për marrëdhëniet ndërfetare dhe ndërkulturore në Evropë dhe Lindjen e Mesme, dhe shumë nga konfliktet dhe tensionet e tyre vazhdojnë të ndikojnë në historinë dhe politikën e sotme.

Ndërsa kryqëzatat filluan si një përpjekje për të siguruar akses për të krishterët në vendet e shenjta të Krishterimit, ato gjithashtu shoqëroheshin me akte të rënda dhune dhe persekutimi ndaj popullsisë myslimane, dhe në disa raste, edhe ndaj hebrejve dhe të krishterëve ortodoksë lindorë.

Masakra e Jeruzalemit (1099) – Gjatë Kryqëzatës së Parë, pasi kryqëzatarët arritën të marrin Jeruzalemin, ata filluan të vrasin qytetarët e tij myslimanë dhe hebre. Sipas burimeve të kohës, rrugët e qytetit ishin "të mbushura me kufoma dhe gjak", dhe kjo dhunë u përshkrua si jashtëzakonisht e egër, edhe për standardet e asaj kohe.

Masakra e Jeruzalemit ndodhi në vitin 1099, gjatë Kryqëzatës së Parë, kur kryqëzatarët morën kontrollin e qytetit nga kalifati islamik Fatimide. Kur kryqëzatarët arritën në Jeruzalem, ata u përballën me një rezistencë të fortë nga mbrojtësit e qytetit. Pas një rrethimi prej pesë javësh, kryqëzatarët arritën ta pushtojnë qytetin më 15 korrik 1099.

Pas pushtimit të qytetit, kryqëzatarët filluan të vrasin popullësinë myslimane, hebreje, si dhe të krishterët ortodoksë të Lindjes që u kapën në qytet. Raportet historike tregojnë se masakra ishte e egër, duke rezultuar me dhjetëra mijëra civilë të vrarë[111] Qytetarët e Jeruzalemit u vranë pa dallim në shtëpitë e tyre, në rrugë, në xhami, dhe madje edhe në Sinagogën e Madhe, ku një numër i madh hebrejsh kishte gjetur strehim.

Ndërkohë që disa historianë kanë argumentuar se raportet e masakrës janë ekzagjeruar, nuk ka dyshim se dhuna ishte ekstreme. Ky veprim i kryqëzatarëve ka lënë një gjurmë të thellë në historinë e marrëdhënieve ndërfetare dhe ka ndikuar thellësisht në perceptimin e Kryqëzatave në historinë islame dhe hebreje.

Masakrat e Akres (1191)

Masakra e Akres ndodhi në vitin 1191 gjatë kryqëzatës së tretë, kur kryqëzatarët, të udhëhequr nga mbreti Richard I i Anglisë (Richard Zemërluani), pushtuan qytetin që ishte nën kontrollin e perandorisë Ayyubid, e udhëhequr nga Sulltani Salah ad-Din (Saladin).

Pas një rrethimi të gjatë prej dy muajsh, Richard arriti të pushtonte qytetin më 12 korrik 1191. Pas pushtimit, ai urdhëroi ekzekutimin me prerje koke të rreth 2,700 ushtarëve myslimanë që ishin kapur robër[112] Ky vendim erdhi si përgjigje ndaj dyshimeve për një vonesë të qëllimshme të Saladinit për të përmbushur disa kushte të marrëveshjes së ndërmjetme, të cilat përfshinin lirimin e disa kryqëzatarëve të kapur dhe dorëzimin e një kryqi të shenjtë që kishte rënë në duart e myslimanëve gjatë betejës së Hattin.

Kjo masakër ka qenë objekt i një debati të madh historik. Disa historianë e shohin si një masakër të panevojshme dhe të egër, ndërsa të tjerët e shohin si një veprim të justifikuar në kontekstin e luftës së ashpër dhe të gjatë të Kryqëzatave. Pavarësisht interpretimeve, nuk mundet të mohohet fakti se masakra e Akres la një gjurmë të thellë në historinë e Kryqëzatave dhe marrëdhënieve ndërfetare.

Masakrat e robërve Saraken, by Alphonse-Marie-Adolphe de Neuville - François Guizot (1787-1874), The History of France from the Earliest Times to the Year 1789, London : S. Low, Marston, Searle & Rivington, 1883, p. 447, Public Domain, https://commons.wikimedia.org/w/index.php?

Masakrat e Konstantinopojës (1204)

Siç u përmend më parë, gjatë Kryqëzatës së Katërt, kryqëzatarët sulmuan dhe plaçkitën Konstantinopojën, kryeqendrën e Perandorisë Bizantine të krishterë. Por përveç kësaj, ata gjithashtu vranë dhe persekutuan shumë nga qytetarët e saj, përfshi edhe ata myslimanë dhe hebrej.

Gjithsesi, këto janë vetëm disa nga shembujt e dhunës së kryqëzatarëve ndaj myslimanëve. Në përgjithësi, pavarësisht qëllimit të tyre të deklaruar fetar, kryqëzatat përfshinë shpesh akte të rënda dhune dhe plaçkitjesh të cilët i dëmtuan edhe më tepër marrëdhëniet në mes të krishterëve dhe myslimanëve për shekuj të tërë.

Reformat dhe dialogu

Në shekullin e 20-të, shumë Kisha të krishtera filluan të marrin masa për të përmirësuar marrëdhëniet me hebrejtë. Dokumenti i njohur si "Nostra Aetate"[113] i Kishës Katolike, i publikuar gjatë Këshillit të dytë të Vatikanit në vitin 1965, është një shembull i kësaj, mbasi këshilli hodhi poshtë akuzat ndaj hebrejve për vrasjen e Jezusit dhe i bëri thirrje të krishterëve për të ndërtuar marrëdhënie të mira me hebrejtë. Dokumenti përfshin një pjesë të veçantë mbi marrëdhëniet e Kishës me popullin hebre. Këto janë disa nga pikat kryesore:

Nostra Aetate refuzon akuzën e përgjegjësisë kolektive të hebrejve për vrasjen e Jezusit, duke thënë: "Megjithëse disa autoritete hebreje me ndihmën e turmës patën bërë thirrje për vdekjen e Jezusit... megjithatë çka është bërë me Pasionin e Tij nuk mund t'u ngarkohet as të gjithë hebrejve të asaj kohe pa bërë dallim, dhe as hebrejve të ditëve tona." Dokumenti i bën thirrje të krishterëve që të kujtojnë rrënjët e tyre hebraike dhe të promovojnë një dialog të ndërsjellë me hebrejtë.

"Nostra Aetate" dënon antisemitizmin në të gjitha format e tij, duke thënë: "Kisha i kundërvihet çdo forme të persekutimit ndaj çdo personi."

Deklarata ishte një përpjekje për të përmirësuar marrëdhëniet me hebrejtë dhe për të ndrequr një histori të gjatë të konflikteve dhe persekutimit. Motivimi mbrapa saj mund të shpjegohet nëpërmjet disa faktorëve:

Kisha po e rishikonte mënyrën e saj të të menduarit në lidhje me disa çështje, duke përfshirë marrëdhëniet me fetë e tjera. Kjo ishte një pjesë e një procesi më të gjerë të rinovimit dhe modernizimit të Kishës, i quajtur aggiornamento (nga italishtja = përditësim).

Pas Luftës së Dytë Botërore dhe Holokaustit, Kisha Katolike, së bashku me të gjithë botën, po përballej me realitetin e tmerrshëm të antisemitizmit dhe rolin e tij potencial brenda saj. Nostra Aetate ishte një përpjekje për ta refuzuar dhe dënuar antisemitizmin.

Në kohën kur "Nostra Aetate" u botua, bota po përjetonte ndryshime të mëdha. Pas luftës së dytë botërore dhe ngjarjeve të rënda gjatë Holokaustit, opinioni publik ndaj antisemitizmit kishte ndryshuar ndjeshëm. Gjithashtu, themelimi i shtetit të Izraelit në vitin 1948 kishte sjellë një konflikt të ri dhe të ndërlikuar ndërmjet izraelitëve dhe palestinezëve, i cili kishte pasoja të mëdha për të gjithë botën, përfshi edhe Kishën Katolike.

Në këtë kontekst, Kisha Katolike po përpiqej të navigonte këto ujëra të reja dhe të vështira në të cilat gjendej. "Nostra Aetate" u shfaq si një përgjigje ndaj këtyre sfidave, me Kishën duke u munduar të përmirësojë marrëdhëniet e saj me hebrejtë dhe të rishikojë mënyrën e saj të mëparshme të mendimit dhe veprimit ndaj tyre. Kjo ishte një pjesë e përpjekjeve të gjera të Kishës Katolike për të bërë reforma dhe për t'u përshtatur me botën moderne.

Në përgjithësi, konfliktet midis Judaizmit dhe Krishterimit kanë ndikuar thellësisht në historinë e të dy feve dhe janë të lidhura ngushtë me ndryshimet historike, politike dhe sociale të botës përreth tyre. Dialogu dhe respekti ndërfetar janë bërë thelbësor në kohët moderne për të promovuar marrëdhëniet e mira në mes të komuniteteve të tyre.

Lufta e Parë Arabo-Izraelite (1948) dhe Konflikti Izraelito-Palestinez

Menjëherë pas themelimit të shtetit të tij në vitin 1948, Izraeli u sulmua nga shtetet arabe fqinje. Shumë komunitete të krishtera në Perëndim e mbështetën Izraelin, duke e parë atë si realizim të profecive biblike, por kishte edhe shumë të krishterë sidomos në zonat arabe të cilët nuk e mbështesnin krijimin e një shteti të çifutëve të motivuar nga konflikti me popullësinë palestineze në mes të cilëve kishte edhe të krishterë.

Feja Helm

Një rezolutë e Kombeve të Bashkuara në vitin 1947 propozoi ndarjen e Palestines Britanike në dy shtete, një për hebrejtë dhe një për arabët, por ky propozim u refuzua nga arabët. Megjithatë, më 14 Maj 1948, David Ben-Gurion shpalli pavarësinë e Izraelit. Shtetet fqinje arabe u përgjigjën menjëherë ndaj këtij vendimi duke i shpallur luftë Izraelit. Shumë shpejt, Izraeli e gjeti veten në luftë kundër Egjiptit, Sirisë, Jordanisë, dhe Libanit.

Gjatë luftës, forcat izraelite arritën të merrnin nën kontroll më shumë territor se sa i ishte caktuar atyre nga plani i ndarjes së Kombeve të Bashkuara. Ata arritën të mposhtin forcat arabe dhe të sigurojnë kontrollin e plotë mbi shtetin e ri të Izraelit. Kjo luftë çoi në largimin ose dëbimin e rreth 700,000 palestinezëve nga shtëpitë e tyre, një ngjarje e njohur si Nakba nga palestinezët. Lufta përfundoi me një seri armëpushimesh në vitin 1949, të cilat u nënshkruan në mes Izraelit dhe shteteve arabe individuale, por jo nga palestinezët.

Këtu rrjedh edhe konflikti Izraelito-Palestinez,[114] që është një tjetër shembull i mirë që flet për marrëdhëniet ndërfetare. Siç u tha më sipër, ky konflikt e ka origjinën e tij në pranimin e përcaktimit gjeografik dhe etnik të një shteti izraelit nga Organizata e Kombeve të Bashkuara (OKB) në vitin 1947, një çështje e cila ka shkaktuar konflikte të përsëritura dhe përplasje gjatë viteve të fundit. Ky konflikt kompleks dhe i vazhdueshëm shpërtheu me një konflikt gjeopolitik dhe identiteti fetar dhe u intensifikua me vitet, veçanërisht gjatë Luftës së Gjashtë Ditëve në 1967[115] ku Izraeli pushtoi Rripin e Gazës, Bregun Perëndimor dhe Jeruzalemin Lindor, duke sjellë edhe më shumë probleme të lidhura me pushtimin e tokave dhe çështjen e refugjatëve.

Pasojat e këtij konflikti kanë qenë shkatërrimtare për të dyja palët. Shumë izraelitë dhe palestinezë kanë humbur jetën ose janë plagosur, dhe shumë të tjerë janë detyruar të largohen nga shtëpitë e tyre. Infrastruktura është shkatërruar, si dhe ka pasur dëme të mëdha ndaj mjedisit.

Një tjetër pasojë e rëndësishme është ndikimi i konfliktit në stabilitetin rajonal dhe ndërkombëtar. Konflikti Izraelito-Palestinez ka çuar në tensione të theksuara ndërmjet shteteve të Lindjes së Mesme dhe ka ndikuar ndjeshëm në marrëdhëniet ndërkombëtare.

Kritikat ndaj të dyja palëve nuk kanë munguar. Izraeli është kritikuar për shkeljen e të drejtave të njeriut, si përdorimi i dhunës ndaj palestinezëve, ndërtimi i mureve dhe mënyrave të tjera të ndarjes etnike, si dhe pushtimi i tokave të palestinezëve.

Palestinezët gjithashtu janë kritikuar për sulmet terroriste kundër izraelitëve. Në përgjithësi, konflikti ka çuar në një cikël të dhunës dhe urrejtjes që ka vazhduar për dekada.

Në themel të konfliktit qëndron ndarja etnike dhe fetare, dhe çështja e të drejtave të njeriut. Nga njëra anë, izraelitët e shohin veten si në të drejtën e tyre për të krijuar një shtet për popullin e tyre në tokën e tyre historike që, sipas tyre, u është premtuar nga Zoti. Nga ana tjetër, palestinezët e shohin këtë si një pushtim të tokës dhe një shkelje të të drejtave të tyre.

Kapitulli IX

Terrorizmi Islamik

Terrorizmi Islamik në Perëndim

Terrorizmi Islamik ka qenë një çështje e madhe për botën perëndimore, sidomos që prej sulmeve terroriste të 11 Shtatorit, 2001, në Shtetet e Bashkuara të Amerikës. Këtu më poshtë janë disa nga ngjarjet më të mëdha dhe përgjigjet e perëndimit:

Sulmet e 11 Shtatorit, 2001

Këto sulme u kryen nga 19 anëtarë të Al-Qaedës, të cilët rrëmbyen katër avionë dhe i përdorën si raketa për të sulmuar Qendrën Tregtare Botërore në New York dhe selinë e Departamentit Amerikan të Mbrojtjes, Pentagonin. Rreth 3,000[116] njerëz u vranë si rezultat i këtij sulmi. Përgjigja e menjëhershme e SHBA-ve ishte shpallja e Luftës Kundër Terrorizmit, e cila çoi në pushtimet në Afganistan dhe Irak për të përmbysur regjimet që supozohej se mbështesnin terrorizmin.

Sulmi ndaj dy kullave binjake të Qendrës Botërore të Tregtisë, New York, 11 Shtator 2001, by Michael Foran, CC BY 2.0, https://commons.wikimedia.org/w/index.php?curid=11785530

Sulmet e 11 Shtatorit, 2001, ishin një pikë kthese në historinë moderne, pasi ishin sulmet më të rënda terroriste që kishin ndodhur ndonjëherë në tokën amerikane. Presidenti i asaj kohe, George W. Bush, deklaroi Luftën Kundër Terrorizmit pak pas sulmeve, duke argumentuar se lufta ishte e nevojshme për të mbrojtur Amerikën dhe aleatët e saj nga sulme të mëtejshme.

Lufta Kundër Terrorizmit fillimisht u fokusua në Afganistan, ku regjimi i Talibanit mbështeste Al-Qaedën dhe refuzonte të dorëzonte liderin e saj, Osama bin Laden, i cili kishte marrë përsipër përgjegjësinë për sulmet. Në Tetor 2001,[117] forcat amerikane dhe aleatët e tyre filluan operacionet ushtarake në Afganistan për të përmbysur Talibanët dhe shkatërruar Al-Qaedën. Kjo luftë zgjati disa vite, me përmbysjen e regjimit Taliban dhe instalimin e një qeverie të re pro-perëndimore.

Në 2003, SHBA dhe aleatët e tyre filluan pushtimin e Irakut[118] duke argumentuar se udhëheqësi i asaj kohe, Saddam Hussein, posedonte një kërcënim për sigurinë ndërkombëtare për shkak të armëve të tij të shkatërrimit në masë (WMDs). Megjithëse prova të tilla nuk u gjendën kurrë, invazioni çoi në përmbysjen e regjimit të Hussein dhe fillimin e një lufte të gjatë dhe të vështirë që zgjati mbi një dekadë.

Këto veprime kanë ndikuar në mënyrë të thellë në marrëdhëniet ndërkombëtare në lidhje me angazhimin e SHBA-ve dhe aleatëve të saj në luftëra të gjata dhe të vështira në Afganistan dhe Irak. Ata gjithashtu kanë hapur një debat të gjerë rreth politikës së jashtme amerikane, rolin e ushtrisë, dhe balancën e duhur në mes të nevojës për siguri dhe të drejtave të njeriut.

Sulmet në Madrid, 2004 (Spanjë)

Në Marsin e vitit 2004, 191 njerëz u vranë dhe më shumë se 2,000[119] u plagosën kur trenat e udhëtarëve në Madrid u goditën nga sulme terroriste me bomba. Përgjigja e Spanjës ishte tërheqja e menjëhershme e trupave të saj nga Iraku dhe përpjekjet për të forcuar luftën kundër terrorizmit në vend. Sulmet terroriste në Madrid më 11 Mars 2004, të njohura ndryshe si "Sulmet e 11 Marsit" apo "Sulmet në trenat e Madridit", ishin një nga sulmet më të rënda në historinë e Spanjës dhe të Evropës. Sulmet ndodhën kur një numër bombash të vendosura në çanta shpërthyen në katër trena udhëtarësh gjatë orës së mëngjesit në disa stacione trenash në Madrid.

Si rezultat i këtyre sulmeve, 191 persona gjetën vdekjen ndërkohë që më shumë se 2000 të tjerë u plagosën, shumica e tyre civilë të pafajshëm që po udhëtonin atë mëngjes për në punë apo shkollë. Sulmet shkaktuan tronditje dhe tmerr në gjithë Spanjën dhe në botën perëndimore.

Organizata e njohur si al-Qaeda mori përsëri përgjegjësinë për sulmet[120] duke i përshkruar ato si një hakmarrje për pjesëmarrjen e Spanjës në pushtimin e Irakut të vitit 2003. Kjo përgjegjësi ishte një tjetër paralajmërim se al-Qaeda i kishte zgjeruar operacionet e saj përtej Lindjes së Mesme dhe ishte e gatshme të sulmonte objektivat perëndimore.

Sulmet në Londër, 7 Korrik 2005 (Britani e Madhe)

Më 7 Korrik 2005, Londra u godit nga një seri sulmesh vetëvrasëse që rezultuan në vdekjen e 52 njerëzve dhe plagosjen e mbi 700 të tjerëve.[121] Sulmet u kryen gjatë orëve së mëngjesit në sistemin e transportit publik të qytetit.

Të katër sulmuesit ishin ekstremistë islamikë që vepronin në mënyrë të koordinuar. Fillimisht al-Qaeda u përpoq të marrë përsipër sulmet, por më vonë hetimet nga policia treguan se të katër individët kishin vepruar në mënyrë të pavarur.[122] Ata shpërthyen tre bomba në trenat e metropolitit brenda një kohe të shkurtër, ndërsa një i katërt shpërtheu një bombë tjetër më vonë në një autobus dykatësh në sheshin Tavistok (Tavistock Square). Sulmet në tren ndodhën pranë stacioneve Aldgate dhe Edgware Road dhe pranë Russell Square në linjën Piccadilly.

Përveç sulmuesve, 52 banorë të Britanisë së Madhe nga 18 kombësi të ndryshme u vranë dhe më shumë se 700 u plagosën, duke e bërë këtë incidentin më vdekjeprurës terrorist në Britaninë e Madhe që nga sulmi i vitit 1988 në Fluturimin 103 të Pan Am pranë Lockerbie, si dhe sulmin e parë vetëvrasës islamist në vend.

Plasjet u shkaktuan nga pajisje shpërthyese të bëra me materiale të zakonshme si dhe nga triacetone triperoxide, të cilat ishin vendosur në çanta. Sulmet u pasuan dy javë më vonë nga një seri sulmesh të dështuara që nuk shkaktuan dëmtime apo lëndime.

Në përgjigje të sulmeve, Britania e Madhe rriti masat e sigurisë dhe nisi hetime të hollësishme për të identifikuar dhe arrestuar personat e përfshirë.

Sulmi ndaj Charlie Hebdo, 2015 (Francë)

Sulmi ndaj revistës satirike Charlie Hebdo në Paris, ishte një akt terrorist që ndodhi më 7 Janar 2015 në Paris, gjatë të cilit 12 njerëz, përfshi editorin dhe katër artistët kryesorë të revistës, u vranë nga vëllezërit Chérif dhe Saïd Kouachi.[123] Kjo çoi në protesta masive në të gjithë Francën dhe përgjigje të rreptë të autoriteteve franceze.

Vëllezërit Kouachi u rritën në Francë në një familje të varfër me origjinë algjeriane dhe u radikalizuan gjatë viteve të tyre të rinisë. Ata u stërvitën në

Feja Helm

Jemen nga al-Qaeda në Arabinë Arabe dhe u kthyen në Francë me synimin e qartë për të sulmuar zyrat e revistës Charlie Hebdo, një revistë kjo e njohur për karikaturat e saj të Profetit Muhamet, një veprim i konsideruar si fyerje e rëndë nga shumë myslimanë.

Sulmi i Charlie Hebdo shkaktoi një tronditje të madhe në Francë dhe në të gjithë botën. Qindra mijëra njerëz dolën në rrugë në protesta të organizuara në të gjithë Francën, duke mbajtur penat lart dhe duke përsëritur sloganin "Je suis Charlie" ("Unë jam Charlie") në shenjë solidariteti me viktimat dhe mbrojtjen e lirisë së shprehjes. Kjo frazë u bë një simbol i rezistencës kundër terrorizmit dhe mbrojtjes së vlerave demokratike.

Presidenti i asaj kohe, Francois Hollande, i quajti sulmet një "akt lufte" dhe njoftoi se do të rrisë numrin e trupave ushtarake për të mbrojtur objektivat e rëndësishme në të gjithë vendin. Autoritetet franceze gjithashtu e rritën luftën e tyre kundër radikalizmit dhe rekrutimit terrorist brenda vendit, duke përfshirë edhe përpjekjet për të parandaluar radikalizimin në burgje dhe për të bllokuar rrjetet e rekrutimit në internet.

Ndërkohë, komuniteti botëror reagoi me zemërim dhe trishtim për sulmet. Shumë qeveri dhe udhëheqës botërorë i dënuan sulmet dhe shprehën solidaritetin e tyre me Francën. Ka pasur edhe debate të mëdha mbi kufijtë e lirisë së shprehjes, me disa që argumentonin se Charlie Hebdo kishte shkuar shumë larg me karikaturat e saj, nërkohë që shumë të tjerë mbronin të drejtën e revistës për të satirizuar çdo temë apo figurë, përfshi fetë dhe profetët e tyre.

"Je suis Charlie", protestat pas sulmit terrorist në selinë e satirikes Charlie Hebdo, by Claude Truong-Ngoc / Wikimedia Commons - cc-by-sa-3.0, CC BY-SA 3.0, https://commons.wikimedia.org/w/index.php?curid=37726305

Sulmet në Paris, 2015 (Francë)

Sulmet në Paris të 13 Nëntorit 2015 ishin një seri sulmesh terroriste në Paris dhe Saint-Denis, në rajonin e Parisit. Këto ishin sulmet më vdekjeprurëse që ndodhën në Francë që prej Luftës së Dytë Botërore, me 130 të vdekur dhe mbi 400 të plagosur.[124] Shtatë terroristë u vranë nga policia, ndërsa një tjetër u vetëvra disa ditë më vonë gjatë një operacioni policor.

Atë natë, terroristët, të cilët ishin të lidhur me organizatën terroriste të Shtetit Islamik (ISIS)[125] sulmuan një stadium futbolli, restorante, bare dhe një koncert rroku, duke shkaktuar një numër të madh viktimash.

Sulmet e Parisit të 2015 shkaktuan një tronditje të madhe në botë dhe nxitën një përgjigje të vendosur nga komuniteti ndërkombëtar. Shumë vende rritën masat e sigurisë dhe shpallën solidaritetin e tyre me Francën. Në të gjithë botën, ndërtesa të shumta u ndriçuan me ngjyrat e flamurit francez si një shenjë e solidaritetit.

Edhe një herë, Presidenti Hollande shpalli gjendjen e jashtëzakonshme, e cila zgjati më shumë se dy vite, dhe autorizoi operacione të shumta policore dhe ushtarake për të gjetur dhe neutralizuar terroristët dhe rrjetet e tyre. Hollande gjithashtu rriti angazhimin e Francës në koalicionin ndërkombëtar kundër ISIS-it në Siri dhe Irak.

Kjo ngjarje gjithashtu ka ndikuar në diskutimin publik dhe politik mbi politikat e emigracionit, sigurinë dhe luftën kundër terrorizmit në Francë dhe në të gjithë botën. Ka pasur debate të mëdha mbi masat e sigurisë, të drejtat e njeriut, dhe marrëdhëniet me komunitetet myslimane në Francë dhe në vende të tjera perëndimore. Sulmet e 2015 në Paris ishin një ndryshim i madh në skenën e terrorizmit dhe kanë ndikuar në mënyrën se si perëndimi i përgjigjet fenomenit të terrorizmit ndërkombëtar.

Përveç reagimeve të menjëhershme, shtetet perëndimore ndërmorën masa afatgjata për të luftuar terrorizmin, duke përfshirë legjislacionin e ri të sigurisë, zgjerimin e agjencive të inteligjencës, ndërtimin e koalicionit ndërkombëtar kundër ISIS, dhe luftën e vazhdueshme në Siri dhe Irak. Megjithatë, këto sulme kanë ngjallur edhe debate të mëdha rreth të drejtave të njeriut, lirisë së fjalës, dhe marrëdhënieve ndërfetare.

Shteti Islamik i Irakut dhe Sirisë

Shteti Islamik (ISIS ose ISIL)[126] u formua fillimisht si një filial i Al-Qaedës gjatë luftës në Irak që filloi në 2003. Në fillim të viteve 2010, grupi, i udhëhequr nga Abu Bakr al-Baghdadi, fillon të zgjerohet në Siri gjatë Luftës Civile Siriane. Në vitin 2014, ISIS i bëri thirrje të gjithë myslimanëve që të vinin në territoret e pushtuara dhe të ndihmonin në ndërtimin e një "kalifati" - një shtet Islamik teokratik që pretendohej të përfaqësonte të gjithë ummetin (bashkësinë) mysliman.[127]

ISIS kishte një ideologji ekstremiste të drejtuar nga një interpretim literal i versionit sunni të Islamit. Ata synonin krijimin e një kalifati global, duke filluar me pjesët e Lindjes së Mesme që i kishin nën kontroll. Kjo ideologji ishte e lidhur me një vizion apokaliptik të fundit të botës dhe me një ndarje radikale midis myslimanëve "të vërtetë" (siç ata e konsideronin veten) dhe të gjithë të tjerëve, të cilët i konsideronin si "kufar" (jo-besimtarë) ose si "murtad" (apostatë).

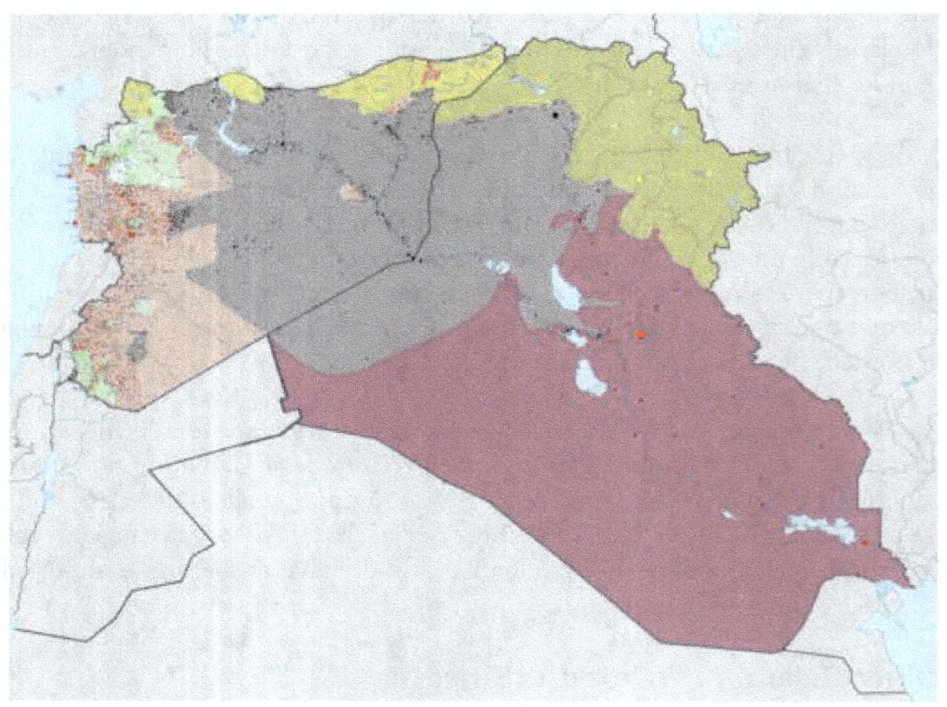

Përhapja e ISIS në Irak dhe Siri (ngjyra gri), Tan Khaerr, CC BY-SA 4.0 <https://creativecommons.org/licenses/by-sa/4.0>, via Wikimedia Commons

Krimet e kryera nga ISIS përfshijnë masakra të njerëzve, gjenocidin e jezidëve në Irak, robërimin dhe tregtimin e grave dhe vajzave si skllave seksuale, ekzekutime masive, torturën dhe abuzimin e të burgosurve, si dhe shkatërrimin e pasurive kulturore dhe arkeologjike. Ata gjithashtu patën ndërmarrë sulme terroriste në shumë vende të tjera, përfshi Francën, Belgjikën, Turqinë, Libanin, dhe Shtetet e Bashkuara.[128]

Përgjigja ndaj ISIS ishte e gjerë dhe komplekse. Në perëndim, SHBA dhe aleatët e saj ndërkombëtarë nisën një fushatë ushtarake për të mposhtur ISIS në Siri dhe Irak. Ata gjithashtu morën masa për të parandaluar rekrutimin e terroristëve, për të bllokuar financimin e ISIS, dhe për të ndihmuar viktimat e krimeve të tyre.[129]

Në Lindjen e Mesme, disa vende si Irani, Turqia, Arabia Saudite dhe Emiratet e Bashkuara Arabe gjithashtu ndërmorën operacione ushtarake ose mbështetën grupe të caktuara në luftën kundër ISIS.[130] Por ndërkohë, këto vende kanë pasur edhe mosmarrëveshje në mes tyre në lidhje me strategjitë dhe qëllimet e tyre në Siri dhe Irak.

Gjithsesi, ISIS shkaktoi dëme të mëdha dhe vuajtje, jo vetëm për viktimat e tyre, por edhe për komunitetet myslimane në të gjithë botën. Ekstremizmi dhe dhuna e tyre shkaktuan ndarje dhe mosmarrëveshje të mëdha, dhe nxitën diskriminimin dhe urrejtjen kundër myslimanëve në vende të ndryshme. Përpjekjet për të trajtuar pasojat e ISIS dhe për të parandaluar formimin e grupeve të reja terroriste vazhdojnë të jenë sfida të mëdha për botën.

Kapitulli X

Feja në Ditët e Sotme

Përhapja e Katolikëve dhe Protestanëve

Ndër të tria fetë monoteiste, Krishterimi është feja me numrin më të madh të ndjekësve në botë, me mbi dy miliardë anëtarë.[131] Brenda Krishterimit ka shumë denominacione të ndryshme të cilat kanë evoluar nëpër shekuj si rezultat i debateve dhe ndasive në lidhje me opinionet dhe ritualet rreth çështjeve teologjike.

Katolikët dhe Protestantët kapin si Evropën dhe Amerikat, por katolikët janë më të përqendruar në Amerikën Latine, Evropën Jugore dhe Evropën Qendrore. Protestantët, nga ana tjetër, janë më të përqendruar në Evropën Veriore dhe në Shtetet e Bashkuara të Amerikës. Në shekullin e 20-të dhe të 21-të, Krishterimi u përhap gjerësisht në Afrikë dhe Azinë Jugore.

Një përshkrim i rëndësishëm është ai i Katolicizmit që gjendet në Vatikan dhe në Kishën Angleze. Kishën Katolike Romake e drejton Papa, i cili është i përqendruar në Vatikan. Ndërsa Kisha Katolike e Anglisë, e njohur gjithashtu si Kisha e Anglisë, u themelua në shekullin e 16-të nga mbreti Henri VIII, kur ai u nda nga Kisha Katolike në Romë si rezultat i mosmarrëveshjeve mbi çështjet e divorcit dhe trashëgimisë gjatë periudhës së njohur si Reformacioni.

Mbreti i Anglisë, Henri VIII, ishte katolik dhe i martuar me Katerinën e Aragonit. Pas disa dekadash martese dhe pa asnjë trashëgimtar mashkull, Henri VIII filloi të shqetësohej për vazhdimësinë e linjës së tij mbretërore dhe dëshironte të divorcohej nga Katerina dhe të martohej me Anne Boleyn.

Mirëpo, Papa Klementi VII refuzoi të japë aprovimin e nevojshëm për divorc, pasi çështja e martesës ishte shumë e rëndësishme në doktrinën katolike. Refuzimi i tij ishte njëkohësisht politik, pasi ai nuk donte të ofendonte mbretin e Spanjës, i cili ishte kushëriri i Katerinës.

Si rezultat, Henri VIII vendosi të ndërpresë lidhjet me Romën dhe ta bënte veten Kryetar i Kishës Anglikane më 1534, duke e ndarë kështu Anglinë nga Kisha Katolike Romake dhe duke krijuar Kishën Katolike të Anglisë.[132] Ai argumentoi se Kisha në Angli ishte e pavarur nga juridiksioni i Papës dhe se mbreti, jo Papa, duhej të ishte autoriteti më i lartë i Kishës në Angli. Kjo ngjarje u njoh si Akti i Supremacisë. Henri VIII më pas u martua me Anne Boleyn, e cila i lindi një bijë, Elizabetën I.

Ndërkohë, doktrina e Kishës Katolike dhe e Kishës së Anglisë ka ndryshuar në mënyra të ndryshme që nga ndarja. Kisha Katolike vazhdon të jetë e drejtuar nga Papa dhe ka një hierarki të qartë klerikale, ndërsa Kisha e Anglisë është më autonome dhe ka një strukturë më demokratike. Pavarësisht ndryshimeve, të dyja kishat vazhdojnë të mbeten të përkushtuara ndaj disa prej parimeve bazë të Krishterimit, si triniteti dhe mësimet e Jezu Krishtit.

Imazhi i Judaizmit dhe Islamit në Botë

Ndërkohë, Judaizmi ka një popullësi më të vogël në krahasim me Krishterimin dhe Islamin, por ka pasur ndikim të madh në kulturën dhe historinë botërore. Hebrejtë janë një popull relativisht i vogël, por të shpërndarë në mbarë botën. Përgjatë shekujve, hebrejtë kanë pasur ndikim të madh në zhvillimin e kulturës dhe shoqërive perëndimore. Judaizmi ka ndikuar në formimin e sistemeve juridike, kulturore dhe sociale në shumë pjesë të botës.

Por Judaizmi shikohet ndryshe nga popujt e ndryshëm në të gjithë botën, dhe kjo varet nga konteksti historik, social dhe politik. Në përgjithësi, Judaizmi ka një ndikim të madh në kulturën dhe mendimin e perëndimit, duke pasur parasysh rolin e tij si një nga fjalët e para monoteiste dhe ndikimin e tij në formimin e Krishterimit dhe Islamit.

Në Evropë dhe Amerikën e Veriut, të cilat kanë popullsi të mëdha hebreje dhe janë vende ku Judaizmi ka pasur ndikim të madh, ka një ndjenjë të gjerë respekti dhe pranueshmërie për Judaizmin si fe dhe kulturë. Gjithashtu, ka një prani të madhe të studimeve hebreje në universitetet e mëdha në këto vende, ku studiuesit mësojnë për historinë, kulturën dhe gjuhën hebreje.

Megjithatë, antisemitizmi, ose urrejtja dhe diskriminimi ndaj hebrejve, është ende një problem në shumë pjesë të botës. Kjo manifestohet në forma të ndryshme, nga sulmet verbale dhe fizike ndaj hebrejve, deri tek teoritë konspirative dhe mohimi i Holokaustit.

Në Lindjen e Mesme, për shkak të konfliktit izraelito-palestinez, raportet ndërmjet hebrejve dhe popujve të tjerë të rajonit janë të ndërlikuara. Shumë vende kulturore dhe fetare janë të lidhura me këtë konflikt dhe ndikojnë në mënyrën se si Judaizmi perceptohet në këto vende.

Në pjesë të tjera të botës, Judaizmi mund të mos jetë i njohur aq mirë, por vazhdon të ndikojë në mënyrë të përgjithshme përmes shtrirjes të tij në kulturën globale dhe në formimin e sistemeve politike dhe juridike të Perëndimit. Gjithashtu, ka një interesim të rritur për Judaizmin në disa pjesë të botës, si në Indi dhe në disa vende afrikane, ku ka komunitete të reja hebreje.

Islami është feja e dytë më e madhe në botë dhe që vazhdon të ketë rritje. Dy degët kryesore të Islamit janë Sunni dhe Shia. Islamikët janë të përhapur në të gjithë botën, por janë më të përqendruar në Lindjen e Mesme, Afrikën Veriore, dhe Azinë Jugore. Në shekullin e 21-të, Islami ka pasur një ndikim të madh në politikën botërore, me luftëra, konflikte dhe lëvizje sociale që kanë ndodhur në vende me popullsi të madhe Islame. Po ashtu, Islami ka pasur në të kaluarën e largët një ndikim të madh në kulturën dhe artin botëror, me një kontribut të rëndësishëm në arkitekturë, letërsi, muzikë dhe art figurativ.

Perceptimi i Islamit dhe i popujve të vendeve Islamike nga pjesa tjetër e botës është i ndërlikuar dhe shpesh i polarizuar, duke reflektuar një mungesë të thellë të kuptimit dhe një ndikim të fortë të medieve dhe politikave në formimin e opinionit publik.

Në Evropë dhe Amerikën e Veriut, pas sulmeve terroriste të 11 Shtatorit dhe luftës që vijoi kundër terrorizmit, perceptimi i Islamit ka qenë i tensionuar. Në shumë vende të këtyre rajoneve, ka një ndjenjë të gjerë moskuptimi dhe

Feja Helm

frike ndaj Islamit, të cilin shpesh e identifikojnë me terrorizmin dhe ekstremizmin fetar, megjithëse ky gjykim mundet të jetë i padrejtë në shumicën e rasteve. Ky perceptim jo krejtësisht i merituar shpesh vihet në lëvizje nga politikanë populistë dhe mediat që ndonjëherë përdorin ndjenjat e frikës dhe armiqësisë për të fituar mbështetje. Por duhet theksuar se Islami si fe apo ideologji nuk duhet në asnjë mënyrë të ngatërrohet me njerëzit që identifikohen si myslimanë. Kjo sepse ndryshimi në mes mënyrës së praktikimit të fesë Islame nga një ndjekës i saj dhe Islamit të vërtetë është shpeshherë krejtësisht i dallueshëm.

Në Lindjen e Mesme dhe në rajonet me popullsi të madhe myslimane, perceptimi i Islamit dhe i shteteve që i drejtojnë ato vende është i ndërlikuar. Shpesh ka një ndjenjë të fortë identiteti dhe krenarie e të qenit mysliman, por ka edhe kritika të forta të qeverive të vendeve Islamike, shumica e të cilave janë autoritare dhe kanë probleme me të drejtat e njeriut. Në këto vende, ka edhe mosmarrëveshje dhe konflikte të brendshme fetare, si p.sh. ndarja Sunni-Shia, që ka ndikuar në politikën e rajonit.

Në disa vende të Azisë Juglindore, si p.sh. Indonezia dhe Malajzia, që kanë popullsi të madhe myslimane, ka një perceptim më liberal dhe pluralist të Islamit, dhe Islamikët janë më të pranishëm në të gjitha aspektet e jetës së përditshme dhe politikës.

Në përgjithësi, perceptimi i Islamit dhe i shteteve Islamike varet shumë nga konteksti historik dhe kulturor, dhe nuk ka një përgjigje të vetme apo të thjeshtë për të gjithë ndjekësit e kësaj feje. Islami është një fe dhe një traditë kulturore e shumëllojshme dhe shprehje të ndryshme, dhe ashtu si të gjitha fetë dhe kulturat, ajo nuk mund të përgjithësohet ose të reduktohet në një imazh të vetëm.

Epilogu

Në fund të këtij udhëtimi të gjatë dhe të thellë, ne dalim me një kuptim më të qartë se çdo të thotë të jesh i lidhur me një sistem të caktuar të besimit dhe të jetës, i cili është thellësisht i lidhur me historinë njerëzore dhe vazhdon të ndikojë botën tonë sot.

Ky libër ka trajtuar tre nga traditat fetare më të mëdha dhe më të vjetra monoteiste: Judaizmin, Krishterimin dhe Islamin. Në çdo fjali dhe paragraf, janë përshkuar rruga e tyre e gjatë evolutive, prejardhja e tyre e lashtë, ndarjet e tyre, konfliktet, bashkëpunimet, ndikimi i tyre i gjatë dhe i gjerë në botë. Në këtë studim, gjejmë shpirtin e përbashkët të njerëzimit, dhe mbi të gjitha, arritjet e tij të mëdha dhe dështimet e rënda.

Duhet të jetë tashmë e qartë për lexuesin se këto fe janë në thelb krijime njerëzore. Ato janë një produkt i përpjekjeve tona për të kuptuar dhe për të organizuar botën që na rrethon, janë gjurmët e përpjekjeve tona për të zgjidhur çështjet më të thella të ekzistencës tonë, për të ndërtuar një rend të drejtë dhe të barabartë, për t'u lidhur dhe për të bashkëpunuar me të tjerët. Ato janë simbol i dështimeve, ndarjeve, konflikteve, dhe ndonjëherë edhe i dhunës tonë.

Por në të njëjtën kohë, ato mund të konsiderohen edhe shenja të suksesit tonë si një dëshmi e aftësisë tonë për të ndërtuar komunitete, për të shpërndarë vlera të përbashkëta me qëllimin për të ndihmuar të tjerët. Ato janë simbol i dashurisë tonë, solidaritetit, dhe përkushtimit ndaj të tjerëve dhe ndaj idealeve tona.

Feja Helm

Këto fe kanë ndikuar në formimin dhe natyrën e shoqërive njerëzore në mënyra të paimagjinueshme, duke iu dhënë atyre formën dhe natyrën që kanë sot. Ato kanë ndihmuar në ndërtimin e institucioneve, kulturave, dhe ligjeve që udhëheqin jetët tona. Ato kanë ndikuar në mënyrën se si ne e kuptojmë veten, botën, dhe vendin tonë në të. Ato kanë formuar historinë tonë, dhe vazhdojnë të formojnë të ardhmen tonë.

Në një kohë kur shkenca dhe teknologjia kanë bërë progres të madh dhe kanë zbuluar misteret e shumta të universit, këto fe ia kanë dalë të ngelen një pjesë e rëndësishme e jetës njerëzore. Ato vazhdojnë të ofrojnë kuptim, drejtim, dhe frymëzim për miliona njerëz. Ato vazhdojnë të luajnë një rol të rëndësishëm në organizimin e shoqërive dhe në formimin e politikave dhe vlerave tona.

Por ashtu siç kanë ndikuar në të kaluarën dhe vazhdojnë të ndikojnë në të tashmen, këto fe do të vazhdojnë të evolojnë dhe të ndryshojnë në të ardhmen. Si përgjigje ndaj sfidave të reja, ato shpresimisht do të vazhdojnë të rishikojnë dhe të rikrijojnë veten, duke zbuluar forma të reja të besimit dhe të mënyrës se si ai praktikohet.

Në këtë proces të vazhdueshëm, ne jemi jo vetëm dëshmitarë, por edhe pjesëmarrës. Ne jemi pjesë e historisë së këtyre feve, dhe pjesë e të ardhmes së tyre. Përmes angazhimit dhe reflektimit, ne mund të ndihmojmë në adaptimin e tyre dhe në formimin e mëtejshëm të botës tonë.

Në fund, ky libër nuk është vetëm një studim mbi Judaizmin, Krishterimin dhe Islamin. Ai është një studim mbi njerëzimin dhe përvojën e tij të thellë dhe të ndërlikuar. Ai është një reflektim mbi atë që do të thotë të jesh njeri, dhe mbi mënyrën se si ne, si njerëz, kemi ndërtuar dhe vazhdojmë të ndërtojmë botën tonë. Kjo është detyra jonë më e madhe, dhe ky është udhëtimi ynë më i madh.

Indeksi

12 bijtë e Jakobit 14
Abrahami 7, 8, 9, 10, 14
Abu Bakr al-Baghdadi 80
Ahmadiyya 38, 39
Al-Bukhari 34, 40, 41
al-Qaeda 77, 78
Al-Qaedës 76, 80
antisemitizmi 83
Antisemitizmi 66
Apostulli Pali 63
arbnor 54
Babiloni 17
Babiloninë 18
Bar Kokhbas 16, 17
Besimet Pagane 5, 58
Beteja e Fushës së Meraklit 55
Beteja e Kosovës 56
Betejat e Fitna 4, 43
Betejën e Albulenës 54
Betejën e Hendekut 35
Betejën e Torviollit 54
Bibël 8, 9, 11, 15, 21, 25, 26, 28, 60, 61
Charlie Hebdo 78, 79
Chérif dhe Saïd Kouachi 78
Dalja 11, 12
Davidit dhe Goliatit 15, 16
Dekretin e Milanos 30
Dishepujt 4, 24
Dhjetë Urdhëresat 12, 13, 15, 61
Eksodi 11
Esau 88
Faraoni 11, 12
Faraonit 11, 12
Festa anglo-saksone e Eostres 58
Fushata e Levantit 4, 44
Gjon Apostulli 27
Hadithet 4, 39, 40, 41, 42
Hebraike 18
Hebrejve 9, 11, 12, 13, 14, 15, 16, 17, 18, 21, 22, 61, 63, 64, 65, 66, 67, 68, 69, 71, 73, 83
hixhab 61
Holokausti 67
Isaku 8, 9, 10
ISIS 79, 80, 81
Islami 4, 6, 32, 34, 35, 36, 37, 42, 52, 56, 58, 60, 61, 83, 84
Islamik 4, 5, 33, 34, 35, 40, 41, 43, 52, 76, 79, 80, 88
Izraeli 8, 9, 44, 74, 75
Jahve 7, 8, 9, 10, 12, 13, 14, 63
Jakobi 8, 9, 10
Je suis Charlie 78, 79
Jeruzalem. 17, 18, 19, 22, 24, 63, 71
Jezusi i Nazaretit 19, 20, 21
Judaizmi 6, 7, 58, 61, 64, 83
Kalifati 44
Kananit 8, 11, 13, 15
Karavanet 33, 35
Kashrut 61
Kisha Katolike 68, 70, 73, 74, 82
Kodi i Hammurabit 61
Konflikti Izraelito-Palestinez 5, 74, 75
Konstantinopoja 47, 48, 53, 70
konvertimin e shqiptarëve në Islam
 56
Krishtlindjeve 59, 68
Kryqëzata 69, 71
Kurani 41, 42
Legjenda e Ringjalljes 4, 23
Lindja nga një Virgjëreshë 60

Lindjen e Mesme 6, 20, 35, 52, 60, 69, 71, 81, 83, 84
Mahmud i Gaznit 49
Malit Hira 32
Masakra e Akres 72
Masakra e Jeruzalemit 71
Medinë 4, 33, 34
Mehmeti II 53
Meka 4, 33, 34
Mirza Ghulam 39
Mitologjia Egjiptiane 60
Mitraizmi 29
Mitras 59
Monoteiste 3, 4, 5, 6, 7, 9, 10, 33, 58, 60, 61, 63, 82, 83, 85
Muhameti 32, 33, 34, 35, 41, 42
Nostra Aetate 68, 73, 74
Pashkëve 6, 58, 59, 61
Perandoria Osmane 5, 52, 70
Perandoria Otomane .. 5, 52, 53, 55
Perandoria Persiane 18
Perandorinë Bizantine 44, 69
Perandorisë Romake 18, 20, 21, 25, 30
Periudha e Artë e Islamit 37
Përhapja e Islamit 4, 5, 36, 45, 50, 51, 52
Pllakat 13, 17
Pogromet 64, 65, 66
Profeti Muhamet ... 4, 32, 38, 40, 41
pseudoepigraf 29
Rashidun 36, 44, 45, 46, 49
Rituale 6, 38, 60, 65
Salafizmi 39
Simon bar Kokhba 18, 19
Skënderbeu 53
Sprova e Abrahamit 8

Sufizmi 39, 50
Sulmet e 11 Marsit 77
Sulmet e 11 shtatorit, 2001 77
Sultanati i Delhit 50
Sulltanati Selxhuk 52
Sunitët 36, 38
Sunni 39, 44, 83, 84
Shia 44, 83, 84
Shiitët 36, 38
Taj Mahal 50
Tempulli i Parë 17
Tempullin e Jeruzalemit 21
Tempullit të Jeruzalemit 17
Terrorizmi 5, 76
Testamentit të Ri 21, 23, 25, 28
Të krishterë 8, 23, 24, 25, 27, 28, 34, 43, 57, 60, 63, 64, 65, 66, 69, 73, 74
Tokë e Shenjtë 18
Umar ibn al-Khattab 49
Umayyad 46, 47
ungjijve 23
Ungjilli i Lukës 28
Ungjilli i Markut 28
Ungjilli i Mateut 28
Veprave të Apostujve 25, 26, 27
Xhibrail 32, 40
Xhihadi 34
Zanafilla 8, 10, 11
zeqati 40
Zoti 9, 10, 15, 21, 34, 75

Feja Helm

Referencat

[1] Redhouse, J. (1890). 4. Modern Name of "Ur of the Chaldees". *Journal of the Royal Asiatic Society, 22*(4), 822-823. doi:10.1017/S0035869X00143394

[2] Jacob, https://www.bible.com/bible/116/GEN.25.NLT

[3] Esau https://www.bible.com/bible/116/GEN.25.NLT

[4] Josefi https://www.bible.com/bible/116/PSA.105.NLT

[5] Jozefi dhe vëllezërit https://www.bible.com/bible/116/GEN.37.NLT

[6] Britannica, T. Editors of Encyclopaedia (2023, June 19). Canaan. Encyclopedia Britannica. https://www.britannica.com/place/Canaan-historical-region-Middle-East

[7] Britannica, T. Editors of Encyclopaedia (2023, July 3). Twelve Tribes of Israel. Encyclopedia Britannica. https://www.britannica.com/topic/Twelve-Tribes-of-Israel

[8] Mbretëria e Judës, Legacy: a Genetic History of the Jewish People. Harry Ostrer. Oxford University Press USA. 2012. ISBN 978-1-280-87519-9. OCLC 798209542

[9] Society for the Promotion of Hellenic Studies (London, England) (1993). *The Journal of Hellenic studies, Volumes 113–114*. Society for the Promotion of Hellenic Studies. p. 211. The Seleucid kingdom has traditionally been regarded as basically a Greco-Macedonian state and its rulers were thought of as successors to Alexander.

[10] Sartre, Maurice (2005). The Middle East under Rome. Harvard University Press. ISBN 978-0-674-01683-5.

[11] Grant, R. G. (2017). 1001 Battles That Changed the Course of History. pp. 85, ISBN 978-0-7858-3553-O

[12] for the year 136, see: W. Eck, The Bar Kokhba Revolt: The Roman Point of View, pp. 87–88.

[13] Weksler-Bdolah, Shlomit (2019). Aelia Capitolina – Jerusalem in the Roman period: in light of archaeological research. p. 3. ISBN 978-90-04-41707-6. OCLC 1170143447

[14] Bibla 2 Mbretërit 25:9

[15] Rënia e Babilonisë, https://www.ancient-origins.net/ancient-places-Europe/fall-babylon-0011090

[16] for the year 136, see: W. Eck, The Bar Kokhba Revolt: The Roman Point of View, pp. 87–88.

[17] "Catholic Encyclopedia: St. Peter, Prince of the Apostles". www.newadvent.org.

[18] Brown, Raymond Edward (1997). An Introduction to the New Testament. Doubleday. ISBN 978-0-385-24767-2.

[19] "Saint John the Apostle". Encyclopædia Britannica. Archived from the original on 26 January 2016

[20] Sanders, E (1995). The Historical Figure of Jesus. Penguin UK. ISBN 9780141928227

[21] The First Christian Historian: Writing the "Acts of the Apostles" - Page 24 Daniel Marguerat - 2002

[22] E P Sanders, The Historical Figure of Jesus, (Penguin, 1995) page 63 – 64.

[23] Air, F. (2010, March 12). Jesus And The Hidden Contradictions Of The Gospels. NPR. https://www.npr.org/2010/03/12/124572693/jesus-and-the-hidden-contradictions-of-the-gospels#:~:text=There%20were%20some%20books%2C%20such,be%20someone%20they%20weren't

[24] New Testament Letter Structure, from Catholic Resources by Felix Just, S.J.

[25] Frend, W. H. C. (1965). The Early Church. SPCK, p. 137

[26] Conrad, Lawrence I. (1987). "Abraha and Muhammad: some observations apropos of chronology and literary topoi in the early Arabic historical tradition1". Bulletin of the School of Oriental and African Studies. 50 (2): 225–40. doi:10.1017/S0041977X00049016. S2CID 162350288

[27] Peters, F. E. (6 April 1994). Muhammad and the Origins of Islam. State University of New York Press. ISBN 978-1-4384-1597-0

[28] Haykal, Husayn (1976), The Life of Muhammad, Islamik Book Trust, pp. 217–218, ISBN 978-983-9154-17-7

[29] Buhl, F.; Welch, A.T. (1993). "Muḥammad". Encyclopaedia of Islam. Vol. 7 (2nd ed.). Brill. pp. 360–376. ISBN 978-90-04-09419-2.

[30] Gabriel, Richard A. (22 October 2014), Muhammad: Islam's First Great General, pp. 167, 176, ISBN 9780806182506

[31] Muhammad, the prophet who spread Islam, dies. (2010, March 3). HISTORY. https://www.history.com/this-day-in-history/founder-of-Islam-dies

[32] Islam - Worldwide distribution. (n.d.). Worlddata.info. https://www.worlddata.info/religions/Islam.php#:~:text=Today%2C%20Islam%20is%20the%20second,has%20about%201.8%20billion%20followers.

[33] Britannica, T. Editors of Encyclopaedia (2016, March 28). Constitution of Medina. Encyclopedia Britannica. https://www.britannica.com/topic/Constitution-of-Medina

[34] W. Montgomery Watt (1956), Muhammad at Medina Oxford: Clarendon Press, p. 12. Watt notes that the date for the battle is also recorded as the 19th or the 21st of Ramadan (15 or 17 March 624).

[35] Britannica, T. Editors of Encyclopaedia (2016, February 21). Battle of the Ditch. Encyclopedia Britannica. https://www.britannica.com/event/Battle-of-the-Trench

[36] About Islam. (2022). When Prophet Muhammad was denied access to Makkah. About Islam. https://aboutIslam.net/shariah/prophet-muhammad/his-life/dhul-qidah-the-month-of-the-treaty-of-hudaybiyyah/

[37] Oayoubzamzam. (2023, June 20). The Treaty of Hudaibiyah: Key Points, Significance And Lessons. Zamzam Blogs. https://zamzam.com/blog/treaty-of-hudaibiya/#:~:text=In%20630%2C%20right%20after%20two,people%2C%20clashed%20in%20a%20fight

[38] Britannica, T. Editors of Encyclopaedia (2020, September 13). Rashidun. Encyclopedia Britannica. https://www.britannica.com/topic/Rashidun

[39] Hassan, Ahmad Y (1996). "Factors Behind the Decline of Islamik Science After the Sixteenth Century". In Sharifah Shifa Al-Attas (ed.). Islam and the Challenge of Modernity, Proceedings of the Inaugural Symposium on Islam and the Challenge of Modernity: Historical and Contemporary Contexts, Kuala Lumpur, 1–5 August 1994. International Institute of

Islamik Thought and Civilization (ISTAC). pp. 351–99. Archived from the original on 2 April 2015.

[40] According to El-Bizri 2006, p. 369, Avicenna was "of Persian descent". According to Khalidi 2005, p. xviii, Avicenna was "born of Persian parentage". According to Copleston 1993, p. 190, Avicenna was "Persian by birth". Gutas 2014, pp. xi, 310, mentions Avicenna as an example for "Persian-born authors" and speaks of "presumed Persian origins" for Avicenna. Glick, Livesey & Wallis 2005, p. 256, states "An ethnic Persian, he [Avicenna] was born in Kharmaithen, near Bukhara".

[41] Britannica, T. Editors of Encyclopaedia (2020, June 26). Muʿtazilah. Encyclopedia Britannica. https://www.britannica.com/topic/Mutazilah

[42] Frank, Richard M. (January–March 1989). "Knowledge and Taqlīd: The Foundations of Religious Belief in Classical Ashʿarism". Journal of the American Oriental Society. American Oriental Society. 109 (1): 37–62. doi:10.2307/604336. ISSN 0003-0279. JSTOR 604336. LCCN 12032032

[43] Why the Arabic World Turned Away from Science — The New Atlantis. (2021, June 22). The New Atlantis. https://www.thenewatlantis.com/publications/why-the-arabic-world-turned-away-from-science

[44] Author, N. (2022b, February 3). Mapping the Global Muslim Population | Pew Research Center. Pew Research Center's Religion & Public Life Project. https://www.pewresearch.org/religion/2009/10/07/mapping-the-global-muslim-population/

[45] The Battle of Basra (the battle of Camel). (2013, November 10). Al-Islam.org. https://www.al-islam.org/restatement-history-islam-and-muslims-sayyid-ali-asghar-razwy/battle-basra-battle-camel

[46] Newman, A. J. (2023, February 9). Battle of Karbala. Encyclopedia Britannica. https://www.britannica.com/event/Battle-of-Karbala

[47] United Nations High Commissioner for Refugees. (n.d.). Refworld | Iran: Information on Sufism or Tasawwuf (Islamic mysticism) in Iran. Refworld. https://www.refworld.org/docid/3ae6abbf78.html

[48] Joppke, Christian (1 April 2013). Legal Integration of Islam. Harvard University Press. p. 27. ISBN 9780674074910. Salafism, which is a largely pietistic, apolitical sect favoring a literalist reading of the Quran and Sunnah

[49] Valentine, Simon (2008). Islam and the Ahmadiyya jamaʿat: History, belief, practice. Columbia University Press. p. xv. ISBN 978-0-231-70094-8

[50] Jesus Christ died a natural death. (n.d.). Islam Ahmadiyya. https://www.alislam.org/articles/jesus-christ-died-natural-death/

[51] Britannica, T. Editors of Encyclopaedia (2023, July 15). al-Bukhārī. Encyclopedia Britannica. https://www.britannica.com/biography/al-Bukhari

[52] Khan, S. M. (2023). First Fitna. World History Encyclopedia. https://www.worldhistory.org/First_Fitna/

[53] Gardet, Louis (1965). "Fitna". In Lewis, B.; Pellat, Ch. & Schacht, J. (eds.). Encyclopaedia of Islam. Volume II: C–G (2nd ed.). Leiden: E. J. Brill. pp. 930–931. OCLC 495469475

⁵⁴ Gardet, Louis (1965). "Fitna". In Lewis, B.; Pellat, Ch. & Schacht, J. (eds.). Encyclopaedia of Islam. Volume II: C–G (2nd ed.). Leiden: E. J. Brill. pp. 930–931. OCLC 495469475

⁵⁵ Sharon, M. (2007). "The decisive battles in the Arab Conquest of Syria". Studia Orientalia Electronica. Vol. 101. pp. 297–358

⁵⁶ Sijpesteijn, Petra M. (2007). "The Arab conquest of Egypt and the beginning of Muslim rule". In Bagnall, Roger S. (ed.). Egypt in the Byzantine world, 300-700. ISBN 9780521871372

⁵⁷ A Sword over the Nile. Austin Macauley. June 2020. ISBN 9781643787619

⁵⁸ Akram, A.I. (1975). "10". The Muslim Conquest of Persia. ISBN 978-0-19-597713-4

⁵⁹ Lewental, D. Gershon (2014). "Qadesiya, Battle of". Encyclopædia Iranica

⁶⁰ "Islam: Islam in North Africa ." Encyclopedia of Religion. . Retrieved June 29, 2023 from Encyclopedia.com: https://www.encyclopedia.com/environment/encyclopedias-almanacs-transcripts-and-maps/islam-islam-north-africa

⁶¹ Britannica, T. Editors of Encyclopaedia (2023, May 17). Kairouan. Encyclopedia Britannica. https://www.britannica.com/place/Kairouan

⁶² Mark, J. J. (2022). Carthage. World History Encyclopedia. https://www.worldhistory.org/carthage/

⁶³ Brooks, E.W. (1898). "The Arabs in Asia Minor (641–750), from Arabic Sources". The Journal of Hellenic Studies. The Society for the Promotion of Hellenic Studies. XVIII: 182–208. doi:10.2307/623724. JSTOR 623724. S2CID 162316850

⁶⁴ Brooks, E.W. (1898). "The Arabs in Asia Minor (641–750), from Arabic Sources". The Journal of Hellenic Studies. The Society for the Promotion of Hellenic Studies. XVIII: 182–208. doi:10.2307/623724. JSTOR 623724. S2CID 162316850

⁶⁵ Haldon, John F. (1990). Byzantium in the Seventh Century: The Transformation of a Culture. Revised Edition. Cambridge, United Kingdom: Cambridge University Press. ISBN 978-0521319171

⁶⁶ Stewart, M. E. (2018). THE ARAB SIEGE OF CONSTANTINOPLE, 717-18: "A FURIOUS STORM FELL UPON THEM." Medieval Warfare, 8(5), 24–33. https://www.jstor.org/stable/48596795

⁶⁷ Treadgold, Warren (1997). A History of the Byzantine State and Society. Stanford, California: Stanford University Press. ISBN 0-8047-2630-2

⁶⁸ Mango, Cyril; Scott, Roger (1997). The Chronicle of Theophanes Confessor. Byzantine and Near Eastern History, AD 284–813. Oxford: Oxford University Press. ISBN 0-19-822568-7

⁶⁹ Baloch, Nabi Bakhsh (October 1953). "Muhammad ibn al-Qasim: A Study of His Family Background and Personality". Islamic Culture

⁷⁰ Wink, André (2002) [first published 1990], Al-Hind: The Making of the Indo-Islamic World, Vol 1: Early Medieval India and the Expansion of Islam, Brill, ISBN 9780391041738

⁷¹ MacLean, Derryl N. (1989), Religion and Society in Arab Sind, BRILL, ISBN 90-04-08551-3

⁷² Sharma, Ramesh Chandra (1994). The Splendour of Mathurā Art and Museum. D.K. Printworld. p. 39. ISBN 978-81-246-0015-3

⁷³ Shally-Jensen, Michael; Vivian, Anthony (11 November 2022). A Cultural Encyclopedia of Lost Cities and Civilizations. ABC-CLIO. p. 171. ISBN 978-1-4408-7311-9

[74] Gilbert, Marc Jason (2017), South Asia in World History, Oxford University Press, pp. 75–, ISBN 978-0-19-066137-3 Quote: "Babur then adroitly gave the Ottomans his promise not to attack them in return for their military aid, which he received in the form of the newest of battlefield inventions, the matchlock gun and cast cannons, as well as instructors to train his men to use them."

[75] Centre, UNESCO World Heritage. "Taj Mahal". UNESCO World Heritage Centre July 25 meeting provincial tankline

[76] Finkel, Caroline (13 February 2006). Osman's Dream: The Story of the Ottoman Empire, 1300–1923. Basic Books. pp. 2, 7. ISBN 978-0-465-02396-7

[77] Leiser, Gary (2005), "Turks", in Meri, Josef W. (ed.), Medieval Islamik Civilization, Routledge, p. 837, ISBN 978-0415966900

[78] Gunduz, Sinasi Change And Essence: Dialectical Relations Between Change And Continuity in the Turkish Intellectual Traditions Archived 1 November 2022 at the Wayback Machine Cultural Heritage and Contemporary Change. Series IIA, Islam, V. 18, pp. 104–05

[79] Nicolle, David (2005). Constantinople 1453: The end of Byzantium. Praeger. p. 32. ISBN 9780275988562

[80] Hodgkinson, Harry (1999), Scanderbeg: From Ottoman Captive to Albanian Hero, Centre for Albanian Studies, ISBN 978-1-873928-13-4

[81] Babinger, Franz (1978), Mehmed the Conqueror and His Time, Princeton University Press, ISBN 0-691-01078-1

[82] Noli, Fan S. (1947), George Castrioti Scanderbeg (1405–1468), New York: International Universities Press, OCLC 732882

[83] Archives of Venetian Senate, Sen. Mar, R° 11, c. 22, 08 May 1479. Documented in Zamputi, Injac. Dokumenta të shekullit XV për historinë e Shqipërisë, vol. 4, pt. 1. Tirana: Akademia e Shkencave të Shqipërisë, 1967

[84] Qemali, Ismail. "Ismail Kemal bey Vlora: Memoirs". Archived from the original on June 17, 2010. Retrieved January 23, 2011

[85] Bunting, T. (2023, June 21). Battle of Kosovo. Encyclopedia Britannica. https://www.britannica.com/event/Battle-of-Kosovo-1389-Balkans

[86] Serbia | History, geography, & people. (2023, July 14). Encyclopedia Britannica. https://www.britannica.com/place/Serbia/Serbia-in-the-Yugoslav-kingdom

[87] Britannica, T. Editors of Encyclopaedia (2023, March 29). Greek Independence Day. Encyclopedia Britannica. https://www.britannica.com/topic/Greek-Independence-Day

[88] "Islam in the Ottoman Empire ." Europe, 1450 to 1789: Encyclopedia of the Early Modern World. . Retrieved June 29, 2023 from Encyclopedia.com: https://www.encyclopedia.com/history/encyclopedias-almanacs-transcripts-and-maps/islam-ottoman-empire

[89] Vickers, Miranda (2011). The Albanians: a modern history. London: IB Tauris. ISBN 978-0-85773-655-0

[90] Chtatou, Dr Mohamed (2020-04-23). "Unveiling The Bektashi Sufi Order – Analysis". Eurasia Review. Retrieved 2021-08-11

[91] Winick, S. (2016, April 28). Ostara and the Hare: Not Ancient, but Not As Modern As Some Skeptics Think | Folklife Today. The Library of Congress. https://blogs.loc.gov/folklife/2016/04/ostara-and-the-hare/

[92] Four things you might not know about Christmas. (2019, December 17). The University of Sydney. https://www.sydney.edu.au/news-opinion/news/2019/12/17/four-things-you-might-not-know-about-christmas.html#:~:text=The%20celebration%20of%20the%20birthday,also%20celebrated%20on%2025%20December

[93] Faulkner, R. O. (1968). The Pregnancy of Isis. The Journal of Egyptian Archaeology, 54(1), 40–44. https://doi.org/10.1177/030751336805400108

[94] Vermaseren, M.J. (1951). "The miraculous birth of Mithras". In Gerevich, László (ed.). Studia Archaeologica. Brill. pp. 93–109. Retrieved 4 October 2011

[95] Burton, Richard Francis (1857). Personal Narrative of a Pilgrimage to El Medinah and Meccah. Longman, Brown, Green, Longmans, and Roberts. p. 226. Retrieved 2016-10-23. The word jamrah is applied to the place of stoning, as well as to the stones

[96] Wheeler, B. (2022). Pagan Origins of Muslim Ḥajj Sacrifice. In Animal Sacrifice and the Origins of Islam (pp. 150-197). Cambridge: Cambridge University Press. doi:10.1017/9781009053990.005

[97] Driver, Godfrey R.; Miles, John C. (1952). The Babylonian Laws: Edited with Translation and Commentary. Vol. 1: Legal Commentary. Oxford, England: Clarendon Press. ISBN 9781556352294. OCLC 493362814

[98] Gilbert, M. (2010). The Routledge Atlas of Jewish History. Routledge. ISBN 978-0415558105. Retrieved 2014-10-05

[99] Britannica, T. Editors of Encyclopaedia (2023, January 1). Little Saint Hugh of Lincoln. Encyclopedia Britannica. https://www.britannica.com/biography/Little-Saint-Hugh-of-Lincoln

[100] Koonz, Claudia (2003). The Nazi Conscience. Harvard University Press. p. 20. ISBN 978-0-674-01172-4

[101] Nostra Aetate (In Our Time) | Villanova University. (n.d.). https://www1.villanova.edu/villanova/publications/jsames/past/nostra_aetate.html#:~:text=Nostra%20Aetate%20(In%20Our%20Time)%2C%20the%20Latin%20name%20by,%2C%20Islam%2C%20Hinduism%20and%20Buddhism

[102] Machemer, T. (2020, May 5). Newly Unsealed Vatican Archives Lay Out Evidence of Pope Pius XII's Knowledge of the Holocaust. Smithsonian Magazine. https://www.smithsonianmag.com/smart-news/researchers-find-evidence-pope-pius-xii-ignored-reports-holocaust-180974795/

[103] Machemer, T. (2020b, May 5). Newly Unsealed Vatican Archives Lay Out Evidence of Pope Pius XII's Knowledge of the Holocaust. Smithsonian Magazine. https://www.smithsonianmag.com/smart-news/researchers-find-evidence-pope-pius-xii-ignored-reports-holocaust-180974795/

[104] Poggioli, S. (2020, August 29). Newly Unveiled Archives Reveal Pope Pius XII's Response To The Holocaust. NPR. https://www.npr.org/2020/08/29/907384568/newly-unveiled-archives-reveal-pope-pius-xiis-response-to-the-holocaust

[105] Runciman, Stephen (1975). A History of the Crusades – the Kingdom of Arce and the Later Crusades. Cambridge: Cambridge University Press. p. 115. ISBN 0-521-20554-9

[106] Runciman, Steven. The Kingdom of Acre and the later Crusades, (1954; repr., London: Folio Society, 1994), 100

[107] Vryonis, Speros (1967). Byzantium and Europe. New York: Harcourt, Brace & World. p. 152

[108] Lane-Poole 1901, pp. 221–222, Siege of Damietta

[109] Tyerman 2006, pp. 643–649, The Failure of the Egypt Campaign

[110] Richard 1999, pp. 312–318, The Sixth Crusade and the Treaty of Jaffa

[111] Hirschler, Konrad (2014). "The Jerusalem Conquest of 492/1099 in the Medieval Arabic Historiography of the Crusades: From Regional Plurality to Islamic Narrative". Crusades13: 74

[112] Helen J. Nicholson (translator), Chronicle of the Third Crusade: A Translation of the Itinerarium Peregrinorum Et Gesta Regis Ricardi (1997), p. 231

[113] Nostra aetate. (n.d.). https://www.vatican.va/archive/hist_councils/ii_vatican_council/documents/vat-ii_decl_19651028_nostra-aetate_en.html

[114] BBC NEWS. (n.d.). http://news.bbc.co.uk/2/shared/spl/hi/middle_east/03/v3_ip_timeline/html/

[115] Britannica, T. Editors of Encyclopaedia (2023, July 5). Six-Day War. Encyclopedia Britannica. https://www.britannica.com/event/Six-Day-War

[116] "A Place of Remembrance". National Geographic. 2011. Archived from the original on November 5, 2014. Retrieved November 5, 2014

[117] Malkasian, Carter (2021). The American war in Afghanistan : a history. New York: Oxford University Press. ISBN 978-0-19-755077-9. OCLC 1240264784

[118] "U.S. Periods of War and Dates of Recent Conflicts" (PDF). Congressional Research Service. 29 November 2022. Archived (PDF) from the original on 28 March 2015. Retrieved 4 April 2015

[119] "El auto de procesamiento por el 11-M - Documentos" [The automatic processing for 11-M - Documents]. El Mundo (in Spanish). 11 April 2006

[120] "Full text: 'al-Qaeda' Madrid claim". BBC News. 14 March 2004. Retrieved 18 January 2008

[121] BBC News. (2015, July 3). 7 July London bombings: What happened that day? BBC News. https://www.bbc.com/news/uk-33253598

[122] Bennetto, Jason; Ian Herbert (13 August 2005). "London bombings: the truth emerges". The Independent. Archived from the original on 6 March 2009. Retrieved 3 December 2006

[123] "Al Qaeda claims French attack, derides Paris rally". Reuters. 14 January 2015. Archived from the original on 14 January 2015. Retrieved 14 January 2015

[124] Hugh Schofield (8 September 2021). "Paris attacks: Historic day of reckoning for night of terror". BBC. Retrieved 18 November 2021

[125] Max Fisher (14 November 2015). "Here is ISIS's statement claiming responsibility for the Paris attacks". Vox. Archived from the original on 16 November 2015. Retrieved 15 November 2015

[126] Tharoor, Ishaan (18 June 2014). "ISIS or ISIL? The debate over what to call Iraq's terror group". The Washington Post. Retrieved 21 June 2014

[127] Nctc. (n.d.). National Counterterrorism Center | Groups. https://www.dni.gov/nctc/groups/isil.html#:~:text=In%20June%202014%2C%20ISIL%20unilaterally,pledge%20allegiance%20to%20the%20group

[128] Statement of the Prosecutor of the International Criminal Court, Fatou Bensouda, on the alleged crimes committed by ISIS. (n.d.). International Criminal Court. https://www.icc-cpi.int/news/statement-prosecutor-international-criminal-court-fatou-bensouda-alleged-crimes-committed-isis

[129] U.S. DEPARTMENT OF DEFENSE. (n.d.). Special Report: Operation Inherent Resolve. U.S. Department of Defense. https://dod.defense.gov/OIR/

[130] Ed Payne and Salma Abdelaziz (15 December 2015). "34 Islamic nations form coalition to fight terrorism". CNN. Retrieved 1 February 2016

[131] Christianity - Worldwide distribution. (n.d.). Worlddata.info. https://www.worlddata.info/religions/christianity.php#:~:text=Christianity%20is%20an%20independent%20monotheistic,with%20over%202.2%20billion%20believers.

[132] Britannica, T. Editors of Encyclopaedia (2023, June 29). Church of England. Encyclopedia Britannica. https://www.britannica.com/topic/Church-of-England

www.ingramcontent.com/pod-product-compliance
Lightning Source LLC
Chambersburg PA
CBHW071353080526
44587CB00017B/3084